小さな会社の「仕組み化」は なぜ やりきれないのか

小川実 成長企業研究会 代表理事

アスコム

はじめに

自由になれるはずなのに、どんどん不自由になっている。
自分がやらなくていい仕事から、いつまでも解放されない。
仕事を任せられる人が、なかなか育たない。

とにかく、忙しすぎる！

そんな悩みを抱えてはいないでしょうか。
自分が会社のトップになれば、もっとやりたいことに時間を使えたり、次のビジネスについて考えたり、学び直しをしたり、思い切ってバカンスに出かけたり、自分らしく生きていけるように思えたはずです。

ところが実際は、かえって仕事に縛られている……。

いったい、なぜでしょうか?

ネットや本をのぞいてみると、「仕組み化せよ」「あなたがいなくてもよくなる仕組みをつくれ」と書いてあります。

あなたは思うでしょう。それができたら苦労しないと。

そう、**小さな会社の多くが仕組み化をやりきれないで終わってしまうのです。**

仕組み化がうまくいかない会社の社長は、仕組みづくりで大きなミスを犯しています。

それがわかれば、あなたの前には「社長としての自由な時間」が広がっているはずです。

今この瞬間が、あなたの新しいスタートです。

仕組みと聞いて思い浮かぶのは、おそらくビジネスモデルや、人を動かすための管理、マニュアルなどだと思います。特に、仕事の属人化を防ぎ、効率化・合理化を推進する管理の仕組みは、いかにも即効性がありそうです。

しかし実は、いきなりそこに飛びつくことが、仕組み化に挫折する原因なのです。

経営の仕組みは、大きく3つに分解できます。

■ 作業の仕組み＝管理、効率化、標準化
■ 事業の仕組み＝ビジネスモデル、商品・サービス開発
■ 成長の仕組み＝ビジョン、経営計画、人事評価

小さな会社がまずつくらねばならないのは、成長の仕組みです。

ビジョン、経営計画、人事評価が仕組み全体の土台

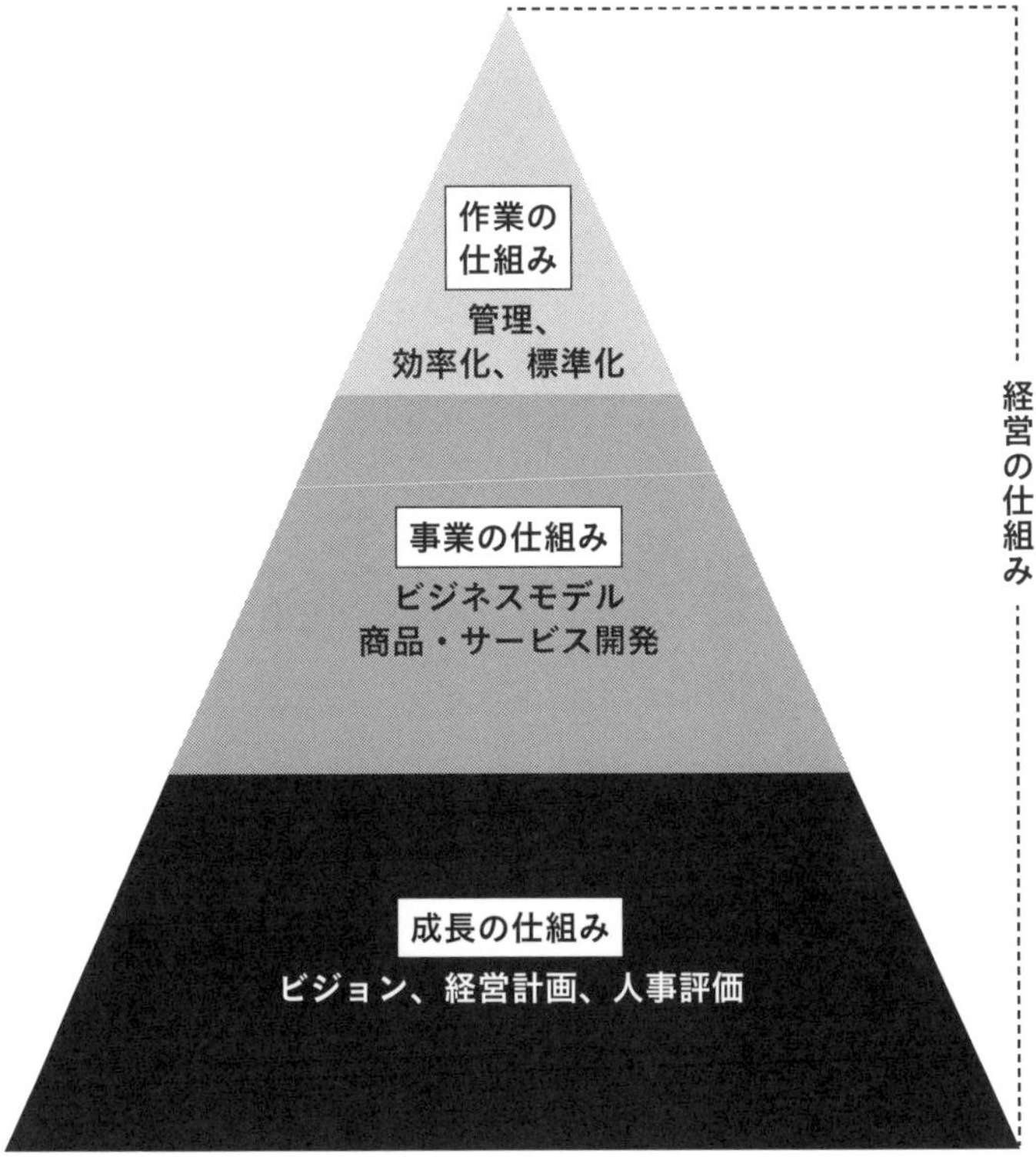

ビジョン、経営計画、人事評価は、会社がどこへ向かい、どうやって到達し、社員が何者になれるかという筋道です。会社と個人の成長プロセスを見える化したものであり、**経営の仕組み全体の土台といえます。**

とはいえ、ビジョンや経営計画で組織が劇的に変革できるなんて、いまいちピンとこない人も多いでしょう。でも、こう考えてみてください。

成長の仕組みは、あなたのためにあるのではありません。社員のためにあるのです。

「何のために働くのか」「どうすれば成長できるのか」を、社員は求めています。これがないのに管理のルールやノルマ、マニュアルばかりを導入すると、社員は成長欲求を満たされず、虚しく数字を追いかけ、やらされ感が漂い、形骸化していきます。

一般的に仕組みは、感情を横に置いて合理化を追求する、無機質なイメージがあると思いますが、まったく逆です。**人のやる気を落とさず、自己実現や自己成長という幸福に向かうもの**なのです。

現状維持か、成長か

仕事は仕事と割り切って、社長が鉄の意志で数字と行動の管理に徹すれば、売上は増やせるかもしれません。

しかし、いくら理屈ではそうわかっていても、**人のやる気や感情はどうしても気にかかってしまうものです。**

一つ、仕組み化がうまくいかない企業にありがちなエピソードを紹介します。

社長の悩みはズバリ売上です。毎年度、売上目標の7割で終わってしまい、経営はギリギリ。これでは事業の拡大も、待遇の向上も、新規採用も、新しいチャレンジもできません。

がんばり次第でどうにかなる状況ではないと、社長はわかっていました。

「結局は数字を追えなくなったら終わりだ。細かく数値目標をつくって、行動管理を厳しくするしかない」

毎日のアポイント目標、商談数の目標、そして毎月の売上目標を設定し、実行できたか否かを管理する！ そう決意して社員に伝えました。

ところが、だんだんと目標未達の報告が増えてきます。最初の頃は「どこに原因があると思う？ どんなルールがあればできそう？」と社員を諭していた社長ですが、**社員の顔を見れば気持ちが乗っていないことが察せられます。**

なにしろ、本来はこうした管理が苦手な社長です。理屈はわかっていても、社員への情が邪魔をします。社長自身も忙しいのに、気になって面倒を見ずにはいられません。

結局、いくらルールをつくって管理しようとしても、モチベーションがなければ空転してしまうのです。

このように、仕組み化をやりきれずに伸び悩む小さな会社は少なくありません。

企業経営の一つのハードルとして、**よくいわれるのが「10人の壁」や「30人の壁」という、組織化の壁です。**

では、実際に社員10人以上の企業がどのくらいあるか、ご存知でしょうか？

総務省・経産省が実施した令和3年経済センサス活動調査によれば、社員10人以上の企業は約44万社です。全体の法人数が約177万社となっていますから、割合にすると25％ということになります。

つまり**75％の企業は10人の壁を越えられていない**のです。30人を越える企業となると約10％しかありません。

一方で、新たに起業・開業した企業の生存率を2017年の中小企業白書から引用すると、5年で81・7％です。**想像以上に生存率は高い**と感じたのではないでしょうか。

これらのデータを併せて見ると、**事業を継続できる企業は多いものの、10人の壁を越えて成長できる企業は少なく、ほとんど頭打ちになっている**状況が推察できます。

厳しい現実に見えるかもしれませんが、それくらい、会社が伸び悩むのは普通のことだともいえます。

ならばどうすればいいのか？

企業を生まれ変わらせるのは、画期的なビジネスモデルでも、高額なマネジメントツールでも、鬼のようなノルマの追求でもありません。

成長の仕組みをつくり、リスタートを切ることです。

もちろん、仕組み化せずとも、現状維持することはできるでしょう。

会社の行く先を決めるのは社長です。**成長か現状維持か、どちらをめざすのも自由。**あなたがめざすのは、どちらでしょうか？

小さな会社こそ日本のエネルギー

自己紹介が遅くなりました。成長企業研究会・代表理事の小川実です。

私は1社でも多くの小さな会社に、成長企業をめざしてほしいと思っています。中小・零細企業こそが日本を支える屋台骨だと信じているからです。


私の実家は建築業を営む中小企業でした。

経営していた両親は地域や人に対する愛情がとても深く、家には住み込みの若い従業員が何人も寝起きしていました。人に頼まれれば、少年院に入りかねないような〝やんちゃ〟なお兄ちゃんも喜んで預かる。そんな懐の広い経営者でした。私が小学生の頃、実家で預かっていた従業員のみんなと一緒にご飯を食べ、風呂に入り、二段ベッドで共に寝たことを今でもよく覚えています。

そんな実家での体験と両親の姿から、中小企業の価値を学びました。**私が間近に見**

てきた中小企業は、人を助け、育て、経済面や事業以外でも地域を支える役割を担っていたのです。

自然と「自分も人の役に立ちたい」「実家のような中小企業を支えたい」と思うようになり、経営者をサポートできる税理士の道へ進みました。

これが私の原点です。

税理士としては、2002年に独立・開業を果たし、20年以上も中小企業の税務や経営の支援に携わってきました。

多くの経営者とお会いする中で新たに見えてきたのは、**中小企業を成長させることの難しさ**です。

自ら事業を起こした社長、家業を継いだ二代目・三代目の社長、社員から昇格した社長など、経営者も様々ですが、みなさん「このままではまずい」「もっと売上を伸ばさないといけない」「後継者を育てなければ」といった危機感を持っていました。

事実、帝国データバンクの調査では毎年5～6万者を越える事業者が休廃業に追い込まれているデータがあります。ましてや近年は長らくデフレが続いたあと、コロナ禍や原材料高騰といった苦難の環境にあり、事業の継続はますます難しくなっています。


もっと中小企業を支えるためにできることが、あるのではないか？

そう考えるようになりました。

日本の企業の7割以上は中小・零細企業です。地域の産業や経済を支えるだけでなく、私の実家のように地域社会に貢献している企業もたくさんあります。

小さな会社が元気でなければ、日本は元気でいられない。

そこで2020年に立ち上げたのが、成長企業研究会です。


成長企業とは、「社会貢献につながる経営理念の実現のために、持続可能なビジネスモデルの構築と健全な財務体質を目指し、人材育成と雇用創出により、明るい日本の未来を担う企業」だと定義しています。**ただなりふり構わず利益を上げ、肥大化し**

ていくのが成長企業ではありません。これは私の原点である両親の姿から、一貫して変わらない想いです。

成長企業研究会では、成長を阻害している要因を特定する「成長企業診断」の実施に始まり、税理士、社会保険労務士、行政書士といった専門家の知見を集めて社長のサポートを行っています。

ほとんどのクライアント企業に共通するのが、「仕組み化をやりきれない」という問題です。**営業から経理から社員教育、人事まですべて見なくてはならない小さな会社の社長は、日々現場の仕事に忙殺されています。**だからこそ仕組みが必要なのですが、目の前の仕事が多すぎて、何からどう手をつけていいかわからないのです。

かといって、外部のパッケージされたコンサルやツールを入れたとしても、細かな会社の事情に合わず、ほとんどなじまないまま終わることが多々あります。なにより、外部の人間に正論で「ああしろ、こうしろ」と言われたとしても、社長自身の想いから始まっていないのでモチベーションが維持できません。

だから私たちは、社長の〝パーソナルトレーナー〟のように、社長の掲げる理想に向かって手を差し伸べ、ときにモチベートするやり方を選びました。一人の社長との関係が密になりますから、一度に多くのクライアントを抱えることはできません。

ただ、「仕組み化したいけど、できない」「自社に合った仕組みを丁寧につくってほしい」という社長のために、考え方と具体的な方法を本で伝えることはできます。

特に、私たちの特長である士業との連携や、士業への仕組み化のアウトソーシングのやり方は、他の本やコンサルにはない発見になるはずです。

会社への愛を忘れないで

ここで一つ、考えていただきたいことがあります。

あなたは10年後、自分の会社がどんな会社であってほしいと願っていますか？ あるいは、会社をつくったり引き継いだりしたとき、どんな会社にしたいと夢を描いていましたか？

急に湿っぽいことを言い出すなあと不思議に思ったかもしれません。でも、仕組み化よりも何よりも、**あなたの会社への愛こそが一番大事**なのです。

企業を育てることは、子育てに似ているなと思うことがあります。

あなたが親だとしたら、きっと我が子には「優しい子になってほしい」とか「人を助けられる子になってほしい」「健康で強くあってほしい」などと願うのではないでしょうか。

企業も法人という人格です。どんな人格であるかは、あなたと社員の皆さんが決めること。それを理念やビジョンといいます。仕組みは、そこへ向かうための骨格や筋肉のようなものでしかありません。

短期間で急成長する企業は、徹底した仕組み化と管理を実行しています。ただし**人**

格や想いを無視した極端な仕組み化は、モラルの崩壊を招く諸刃の剣でもあります。

あなたには、ぜひ会社への愛を忘れずに、人格のある仕組みをつくっていただきたいと思います。そのために本書を役立ててください。

第1章 仕組み化の前に必要なこと

第2章 人が辞めない成長企業をつくる

第3章 ビジョンをつくる

第4章 ビジョンをマネジメントする

第5章 人を育てる成長考課制度のつくり方

第6章 社長としての新しいスタート

第1章

仕組み化の前に必要なこと

本当に仕組みが必要ですか？

仕組みが大事。

組織では当然のようにいわれることです。

しかしまずは、**「何がなんでも仕組み化」という前に、あなたの会社（あるいはチーム）に、本当に仕組み化が必要なのかを考えてみましょう。**

次のチェックリストの、「そうかも」と思う項目にチェックを入れてみてください。

□使っていない管理シートや計画表がいくつもある

□1年以上更新していないマニュアルがある

□給与や昇格は、なるべく社員の事情も汲んで決めたい

□社員のノルマはキツく詰めてはいけないと思う
□現場の仕事がやっぱり面白いと思うことがある
□社員の相談はできるだけ自分で聞いてあげたい
□みんな忙しそうで、やってほしいことを頼みにくい
□会社の理念やビジョンがみんなに伝わっているかわからない
□中長期の計画より、今年度の売上でいつも精一杯
□最後はトップ営業で数字を作らねばならないと思う

一つも当てはまらない人は、少ないのではないでしょうか。むしろ、この本を手にとってくださった人ならば、いくつもチェックが入ると思います。もしあなたがそうだとしたら、**あなたは社員や部下を思いやる、とても人間味のあるリーダーなのでしょう。**

一方で、このチェックリストのようなことが思い当たる場合、組織にはこんな症状

が現れているかもしれません。

■ 毎年度の売上がデコボコで安定しない
■ 売上、利益が何年も頭打ちになっている
■ 社員が一人前になると辞めてしまう
■ 次の幹部が育たない
■ 新規事業、新規サービスが生み出せない

私がこれまでサポートしてきた中小企業の社長は、だいたい共通してこれらの課題感を持っていました。そしてほとんどの社長がこう言います。

「**いつも頭の中に課題はあるんだけど、忙しくて手が回らない……**」

私も自分で会社を立ち上げた身ですから、とてもよくわかります。社長自身がプレイヤーとしても忙しくて、マネジメントの仕事に時間を振り切れないのです。

これでは会社組織というより、個人事業主の延長のような状態です。

さて、普通だったらここで「だから仕組み化だよね」となるわけですが、ちょっと待ってください。**仕組みが大事とはいえ、やみくもに進めると失敗します。特に、まだ社員が30人以下の小さな会社はなおさらです。**

小さな会社と大きな会社は前提が違う

会社の規模が小さいほど、社長と社員の距離は近くなり、人間関係も密になるのが普通です。そして社員は、社長が考えていることや会社の行き先に敏感になります。

たとえば、大きな会社は豪華なフェリーだと考えてみてください。あなたが乗客なら、それほど船長のやることに過敏にならなくても「なんとなく安心」で「きっと問題なく進んでいる」と信じられますよね。

でもそれが４人乗りの手漕ぎボートだったらどうでしょうか。「どこに向かっているんですか？」「本当に進んでいるんですか？」と不安で仕方がありません。

そんな状況でいきなり仕組みを入れても、社員は困惑します。手漕ぎボートにエンジンをつけてスピードアップしたとて、乗組員からすれば「だから、どこへ急いでいるんですか?」となってしまうでしょう。

社長も、社員のやる気やモチベーションを無視することはできません。もしあなたが、仕組み化にあまり気乗りしなかったり、ガチガチの管理が苦手だったりするとしたら、そんな人の情の部分をどこかで気にしているのかもしれません。**いくら仕組み化がうまくいっても、社員の気持ちがついてこなかったら嫌ですよね。**

そして何より、社長であるあなた自身が「ここへ向かうんだ」と本気で思えなければ、仕組み化もやりきれないまま終わってしまうのです。

そこで私は、具体的な仕組み化に入る前に、先ほどのような課題感を持ってご相談に来られた社長にある質問をします。

「5年後、10年後、この会社がどんなふうになっていてほしいですか？」

なんだか抽象的で、もしかするとありきたりな問いかけに聞こえるかもしれません。でも、意外とハッとしたり、ウーンと考え込んだりしてしまう社長がいます。あなたは今、パッと答えることができるでしょうか。

一般的には「売上が伸びない」などの漠然とした課題がある場合、課題の解像度を上げていって、個別具体的な問題点の改善に当たるはずです。これは、100人を超えるような、ある程度の規模の組織であれば当然ですが、小さな会社の場合はちょっと事情が違います。

社長の「やりたいこと」がはっきりしていないと、小さな会社ではどんな仕組みも機能しにくく、下手をすると仕組みが組織を壊してしまうからです。

だから私は、一度ステップバックして、**社長の想いや理想へと抽象度を上げて、それからあらためて課題を具体化する**ようにしています。

私がサポートしているある二代目社長は、先代から引き継いだ会社の売上減少に悩まされていました。仕事のやり方や管理の仕組みにテコ入れしたくなるところですが、先代の存在が大き過ぎたために、なかなか社員からの信頼が得られず苦労していたそうです。

そこでやったことが、**社長のめざす会社をあらためて言葉にして、社員に伝える**ことです。結果、社員との信頼関係が構築され、モチベーションアップにも成功しました。ここまでできてはじめて、仕組み化のステップへ進むことができるのです。

社長には、会社に対する強い想いがあるはずです。

人の役に立ちたい、社会に恩返しがしたい、世間をあっと驚かせるような商品をつくりたい、地元に貢献したい……。100社あれば100通りの設立動機があると思います。

あなたの場合は、どうでしょうか？

エキスパート経営とレバレッジ経営

職人の道を選ぶか、組織の道を選ぶか

ここに「やりたいこと」が違う二人の歯科医がいます。

一人は「**インプラントで日本一売上が多い歯科医ブランドをめざす**」といいます。

もう一人は「**地域で一番、人の笑顔を作れる歯科医になりたい**」。

どちらがより仕組み化に向いていると思いますか？

この二人の歯科医が進む道には、**「エキスパート経営」「レバレッジ経営」という2つがあります。**

職人的な社長のもとで、個人の能力の範囲で事業を維持していく経営を私は「エキスパート経営」と呼んでいます。

一方で「レバレッジ経営」とは、多様な人材の能力を掛け合わせて、事業規模の拡大をめざす経営です。

どちらが正解ということはなく、社長がめざす会社の姿によって、選ぶ道が変わります。

先ほどの歯科医の例で考えてみましょう。

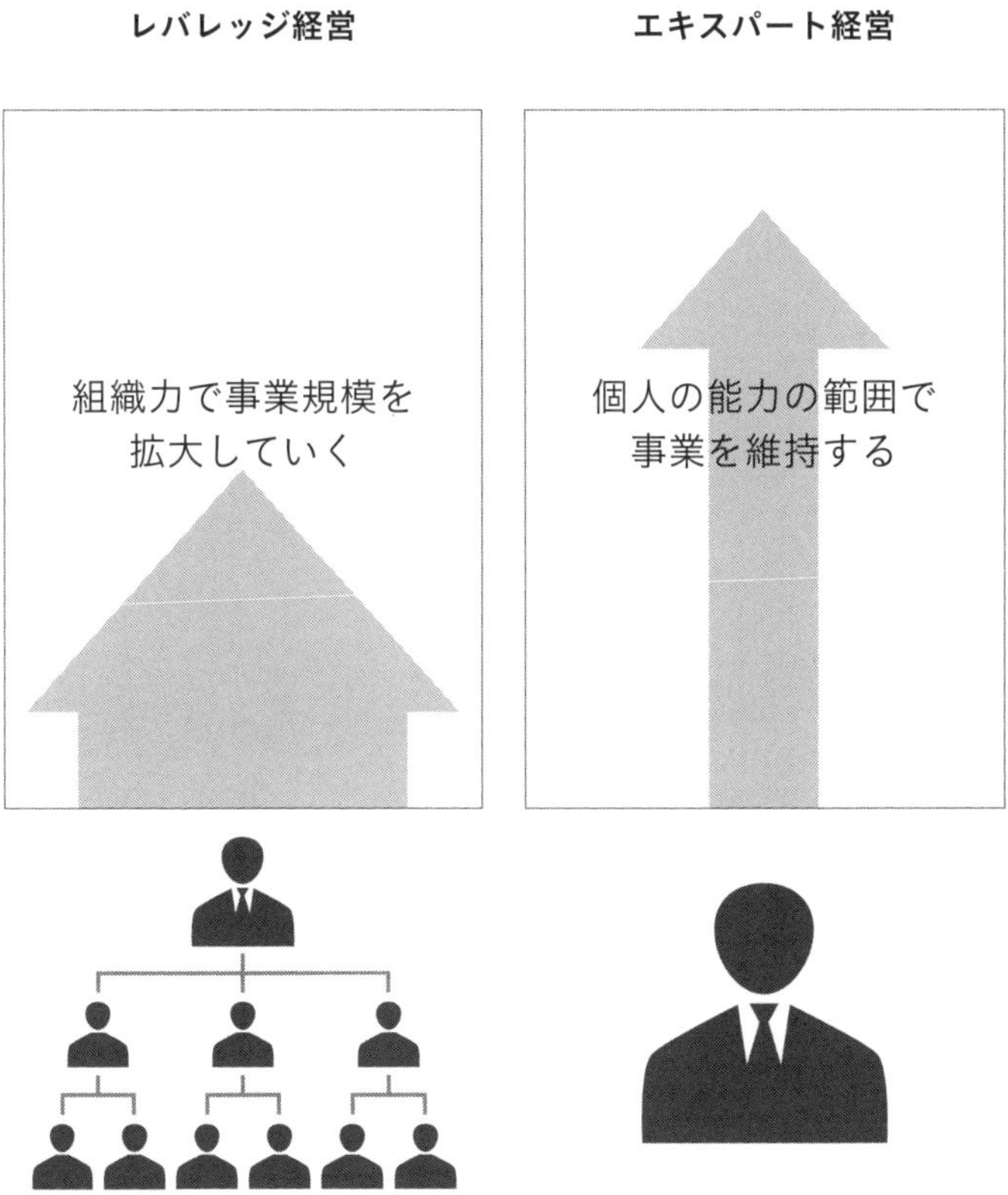
レバレッジ経営
組織力で事業規模を
拡大していく
エキスパート経営
個人の能力の範囲で
事業を維持する

「インプラントで日本一売上が多い歯科医ブランドをめざす」としたら、クリニックを増やして、医師やスタッフも大量に抱え、多数の実績を積まなければなりません。**必然的に規模の拡大をめざすことになるので、私の分類ではレバレッジ経営になります。**

一方で、「地域で一番、人の笑顔を作れる歯科医になりたい」と思ったら、どうでしょうか。患者さん一人ひとりへの丁寧な診療や、地域の人々とのコミュニケーションが必要かもしれません。しかしこれなら**無理に規模を拡大しなくても、エキスパート経営で「やりたいこと」は叶いそうです。**

規模の拡大が必要なレバレッジ経営をめざすのであれば、職人的な仕事のやり方を脱して、仕組み化された組織を作らねばなりません。エキスパート経営でよさそうなら、仕組みは不要かもしれません。

これまで私が関わってきた会社にも両方のタイプがありましたが、エキスパートとレバレッジ、どちらのタイプが多かったと思いますか？

多いのはエキスパート経営です。

ただし、正確にいうと「**レバレッジ経営をしなければならないのに、エキスパート経営をやっている**」**会社が大多数**です。つまり仕組み化が必要なのに、どうしてもやりきれない状態になっているのです。


どうしてそんなことになってしまうのかを深掘りする前に、いったんここまで述べてきたことを整理すると、次のような流れになります。

①仕組み化を進める前に、まずは社長がめざす理想の会社を言語化する
②その理想を叶えるためには、レバレッジ経営かエキスパート経営かを考える
③レバレッジ経営を行うために、具体的な仕組み化を進める

いかがでしょうか。あなたの会社に仕組みは必要だと本気で思えたでしょうか？

そして仕組み化をやりきることができるでしょうか？

「仕組み化は必要だけど、やりきれない」という現状を確認できたら、次から本題に入っていきます。

小さな会社が仕組み化に挫折する3つの原因

①人の入れ替えなどできない

これは小さな会社ではなく、社員数百名を超える規模の、ある会社の話です。
この会社では事業の効率化を考えて、外部の仕組み化コンサルを導入して思い切って仕組み化を進めました。社長は非常に強い意志を持って、組織の問題点を洗い出し、トップダウンで改革に取り組んだといいます。すると現場からは、相当な不満も出てきました。やることが増えた。管理が厳しくなって精神的につらくなった。和気あいあいとした雰囲気が消えた。**しかし社長からすれば、「それは本意を理解していない」「向いている方向が違う」ということで、断固としてやりきったそうです。**

結果、退職者も相応に出てきたものの、並行して会社のやり方になじむ人材の採用も進めました。要するに**「血の入れ替え」が起こった**のです。そして改革の痛みは伴ったものの、仕組み化された強い組織になったそうです。

これは、ありふれた組織改革の一例ですが、この顛末の中には小さな会社と大きな会社の決定的な違いが隠されています。

仕組み化を徹底すれば、その仕組みになじむ人材だけが残り組織が強くなる。そんな話を聞いたことがありませんか？　これは、大きな会社に限った話だと思います。

小さな会社はそう簡単に人を減らしたり増やしたりできません。

小さな会社は採用さえままならず、知人の紹介や縁故に頼っていることも珍しくありませんから、**人が一人辞めるダメージが、大きな会社とは比較にならないほど甚大なのです。**仕組みができるまでの〝過渡期〟を乗り越えるだけの資金的な余裕がない会社も多々あります。

社長の声として多いものの一つは、「人の入れ替え」など簡単にはできないという事情です。

社員が30人以下の小さな会社が仕組み化をやりきれないのは、小さな会社ならではの原因があるのです。

仕組み化のノウハウやコンサルはたくさんありますが、ある程度の大きな会社向けのものが多く、そのまま小さな会社に適応できるものは意外と少ないのではないでしょうか。

私たちが**よく広告を目にしたり、名前を聞いたりするツールやシステムは、汎用性が高く規格化されたパッケージ商品がほとんど**です。効率よく広く販売するために設計されていて、販売する側が手取り足取りサポートしなくても、マニュアルさえあればどんな企業でも使えるように作り込まれています。

それは決して悪いことではなく、むしろ素晴らしい商品なのですが、**小さな会社が使いこなすのは難しい面があります。**

また、**せっかくツールを導入しても、運用する専任者やチームが用意できない**こともあります。

自前で作った簡単な計画表や業務マニュアルですら、十分に運用できずに放置されていることが多いくらいです。

結局、誰が管理するのか曖昧なまま、使わなくなってしまいます。

外部コンサルの利用にも似たところがあり、「経営コンサルはうちの会社には合いませんでした」と断言する社長もいました。

実績のある大手の経営コンサルタントほど、その会社が確立している理論や考え方が、どこまでも正論です。会社の事情に合わせて構築するというより、そのノウハウに会社が合わせていく形になることが多いのでしょう。

特に「ハンズオフ型」に分類されるコンサルは、提案までが仕事で、課題解決の実行はコンサル先の会社次第です。そうすると**日々の仕事に忙しい社長や社員は、徐々に目の前の業務に没頭していって、提案はされたけど実行されないという残念な結果に終わってしまいます。**

このように、ひとくちに仕組み化といっても、大きな会社と小さな会社では、まったく事情が違うはずです。それなのに、これから「10人の壁を越えよう」「30人に増やしていこう」という小さな会社向けの仕組み化ノウハウは、非常に少ない。私がこの本を書いた理由もそこにあります。

②プレイング社長をやめられない

ある社長にこんなことを言われたことがあります。

「たくさん売ってくるのが私の仕事だと思っていました」

あなたは、社長や組織のトップの仕事は何だと思いますか？　数字の管理や人の育成、資金の調達など、一言でいえばマネジメントが思い浮かぶと思います。では、ここ1、2カ月にやった仕事を思い出してみてください。**意外とトップ営業や現場の作業に時間を割いている人が少なくない**のではないでしょうか。

これはエキスパート経営をやっている小さな会社によくある傾向です。**会社の規模がまだ小さいがゆえに、何から何まで社長の手が届いてしまうし、がんばればなんとかなってしまう**からです。

起業した社長は、例外なく仕事ができる人です。

いうなれば**「プレイング社長」で、売上をつくることからこまごまとした事務作業まで、すべて自分でやることができます。**しかも、考えているより、手を動かしたり、足を動かしたりするのが好きなタイプが多く、デスクに座っているよりも現場に行きたがるという特徴もあります。

一見すると、現場任せにしない責任感のあるがんばり屋の社長です。しかし**裏を返せば社員を信じていないともいえます。**「誰かに代わってほしいよ」と口では言いながらも、いざとなると「自分がやったほうが早い」「自分がやったほうがお客様のためになる」などと思ってしまうのです。

そんな社長は仕組み化に挫折しがちです。

仮に、営業担当社員の行動計画を立てて管理に徹しようとしても、我慢がききません。小さな会社では1件の契約や販売が死活問題になることもあります。そのため現場に任せたつもりでも、**「ここだけは自分が商談に出てクローズしよう」などという仕**

事が増えてきて、結局は自分も営業に回ってしまいます。

一事が万事で、あらゆる仕事で「大事なところは自分が」と思うと仕組みは機能しなくなり、社員の成長も妨げてしまいます。

それでもなんとか現状維持くらいはできてしまうのが、小さな会社なのです。

ある飲食店の社長の話です。数字で人を管理するのが苦手だった社長は、４店舗の店長に売上目標を与えることはありませんでした。社員には現場でのびのび元気にやってもらいたいし、自分ががんばって現場を見れば売上はなんとかなっていたからです。

この社長が真剣に規模の拡大を考えていたので、**現場に数字をもたせて、思い切って現場に一切行かないようにしてもらいました。**すると目標を達成するために店長が主体的に動くようになりました。

そんなのは当たり前だと思うかもしれませんが、**この〝我慢〟が難しいのが小さな会社です。**我慢している間に売上が激減して会社が危うくなるかもしれない……そんな恐怖と戦わねばならないのです。

また、社長も頼られると悪い気はしませんから、どんどん相談にのります。そうなると、組織図上の上司とは名ばかり。実際の組織は、社長の下にすべての社員がフラットに並ぶ文鎮型になります。「明日、午前中に休みをとりたいのですが……」。そんな相談まで社長が受けていては、やらなくてもいい仕事が増えるばかりです。

文鎮型の組織で会社が回るのは、せいぜい10人くらいまで。10人を超えると、社長と社員の間に、幹部候補生やリーダーといった管理する立場の存在が必要です。

③社員への情を無視できない

小さな会社の社長は、社員に対する情が強くなりがちです。大きな会社の社長が薄情だと言っているわけではありません。距離の近さや接触の頻度の問題です。

感情に流されないために仕組みで管理するのだ、というのは正論です。しかし社長の本音を聞くと、そこまで割り切れない人も多いのが実態ではないでしょうか。

小さな会社に集まってくれた社員たちに情が移るのは、普通の感覚だと思います。信頼してなんでも相談してくる社員たちが幸せになれるなら、とがんばるのも当然のことでしょう。

この情が、小さな会社の仕組み化がやりきれない大きな原因でもあります。

たとえば、子どもが産まれたら「生活がちょっと大変そうだから、昨年度の成績はもう一歩だったけど給与は据え置きで」。

貴重な若手にがんばってもらいたくて「今年度は期待も込みで、月給2万円アップ!」。

転職してきた新人に「前職を基準にして、年収は500万」。

創立時から一緒にやってきたベテラン社員の家庭の事情で「週2日は時短勤務にし

よう」。

こんな具合に社員一人ひとりの事情を斟酌していると、だんだん基準というものがなくなっていきます。

賃金テーブルや昇給・昇格ルール、勤務制度が明確な会社であれば、機械的に待遇が決まるので情が入り込む余地はありません。

ところが**小さな会社では、賃金や昇格の制度などないのが普通です。驚くことに、就業規則を誰も見たことがないという会社さえあります。**

賃金制度の作成は小さな会社の社長にとってかなりハードルの高い作業です。それだけでなく、「成果を出せば給与も払う」「納得できなければ交渉する」というやり方が合理的でもあります。

このような成果給が徹底されていれば、それは一つの仕組みとして成り立ちますが、実際には前述したような情が入り込んできて、**制度やルールより情が優先されるようになります。するとやがて不満を持つ社員が現れるようになります。**「あの人だけどうして？」「私のほうが働いているのに、あの人より給与が低いのは納得できない」……。

公平感がなくなると、不満を感じている人のモチベーションは当然下がります。がんばっても正当に報酬が得られないなら、転職や独立を考える人が現れても不思議ではありません。社長は社員のために良かれと思ってやっていることでも、結果として辞めていかれる下地を同時につくってしまっているのです。

社員同士が近い関係にある小さな会社ほど、公平感はすごく大事です。
それが原因で人間関係がぎくしゃくすれば、組織としてのパフォーマンスを格段に下げることになります。

社員に寄り添い過ぎて生まれた特別ルールは、仕組み化を始めるときは、いったんクリアにする必要があります。

少しでも残っていると、やがて不平不満のタネになるからです。

小さな会社が成長するためには仕組み化することはいろいろありますが、公平なルールをつくるのもその一つ。**評価や給与のルールに関していうと、私は、社員1人のときからあっていいと考えています。**

仕組み化には「ステップゼロ」がある

今あなたに必要なのは「人の入れ替え」可能な仕組みではない

一般的に仕組みとは、仕事の属人化を回避し、誰がやっても同じ成果を出せるようにするもの、といえます。つまり「人の入れ替えが可能な組織」にすることといってもよいでしょう。

しかしここまで見てきたとおり、社員数が数十人規模の小さな会社がいきなりそれをやるのは無理があります。**「仕組みに合わない者は去れ」というわけにはいかない**のです。

とはいえ「レバレッジ経営」で規模を拡大するのに仕組みは不可欠。

ではどうすればいいのでしょうか？

それは、仕組み化の準備をすることです。

この本のゴールは、

①会社を自立させて

②あなたが「社長の仕事」に専念できるようにすることだと思ってください。

会社の自立というのは、社員を徹底管理して駒のように動かしたり、仕組みありきで人を入れ替えたりすることではありません。**小さな会社に必要なのは、まず今いる人をやる気にさせ、辞めずに育ってくれるようにすることです。**

漠然と仕組み化しようと考えていても、顧客管理の仕組み化なのか、営業のマニュアル化なのか、レポートラインの確立なのか、それら全部なのか……あまりにも検討事項が幅広く、どこから手をつければいいのかわかりません。ですから本書では、何よりも先に手をつけるべきことを解説します。それはズバリ、**人を育てるための制度構築です。**これもまた仕組みの一種といえるのでややこしいですが、いわば仕組み化の「ステップゼロ」だと思ってください。

そして人が育ち、現場の業務があなたの手から離れて会社が自立すると、あなたには「社長の仕事」をする時間が生まれます。

私の考える社長の仕事とは、一言でいえば「未来を考えること」です。具体的には、戦略を考えたり、ブランディングを考えたり、新しい商品やサービスを考えたりして、決断することです。

会社はマシンではなく人

会社を成長させることは、子育てに似ていると本書の冒頭でも述べました。頭ごなしに仕組みを入れてしまうと、会社はあなたの望むように育たないかもしれません。

とにかく数字で管理して「やったか、やらなかったか」だけがすべて。社員のやる気に期待してはいけない。

そんなふうにして**徹底的に利益を追求し、急拡大した会社が、どんな雰囲気になるでしょうか。それはあなたが望む会社の姿でしょうか。**

法人というくらいですから、会社にも人格があると私は思います。それは会社に漂うムードであったり、社員たちの態度や姿勢に滲み出てくるものです。

私は**仕組みが人を支配するのではなく、人が仕組みを使う**ものであってほしいと思います。

少し話は逸れますが、発達心理学者のエリク・H・エリクソンは、人間の成長には8つの発達段階があると述べています。

エリクソンのいう発達段階とは「乳幼期」「幼児前期」「幼児後期」「学童期」「青年期」「成人期」「壮年期」「老年期」です。

乳幼期は親から愛情を注がれ、信頼関係を作る段階です。幼児期には自我が芽生え、周囲に興味を持つようになります。そして学童期、青年期には自分を客観視してアイデンティティに葛藤し、成人期にようやく自己を確立します。壮年期は次の世代を育て、老年期は人生に折り合いをつける段階です。

これを会社の成長に置き換えてみると、あなたの会社は今、どの段階でしょうか。**小さな会社の多くは、きっと成人期よりも前の段階なのではないか**と思います。自分たちはいったい、どんな存在で、なんのためにあるのか。そんなアイデンティティが社員全員で共有されておらず、葛藤しているのではないでしょうか。

こんなふうに考えると、**小さな会社の社員は駒や歯車ではなく、あなたの会社の人格そのもの**だと思えませんか。

会社の規模を拡大していくには仕組みが必要ですが、仕組みが正しく機能するのは会社が自立してから。仕組み化には、法人としての発達が欠かせないのです。

では次章からさっそく、その具体的なノウハウを順に解説していきましょう。

第2章

人が辞めない成長企業をつくる

どんなときに人は育つのか

会社を自立させる

小さな会社では、人のやる気や成長を無視した仕組みは機能しません。前章で述べたとおり、小さな会社は「人の入れ替え」がほぼ不可能ですし、法人はまさに人格です。

では、あなたが会社を成長企業にするために、具体的に何をすればいいのか。一言でいえば、**仕組みの土台となる「自立した人材の育成」**です。

それができたら苦労しない！　という声が聞こえてきそうです。そうですよね。人を育てるということは、口で言うほど簡単ではありません。だからこそ、大きな会社では人の入れ替えが可能な仕組み化が求められているわけです。

〝にわとりが先か、たまごが先か〟のような議論になってしまいますが、**小さな会社に必要なのは、まず人だというのが私の考えです。**それが前章で述べたこの本のゴールの一つ、会社を自立させることになります。

さて、ここから具体策に入りますが、最初に全体観をお伝えしておきましょう。本書をとおして次のような流れで話を展開していきます。やるべきことは非常にシンプルです。

①ビジョンを言語化する
②中長期経営計画を立てる
③専門家にアウトソーシングして評価制度・賃金制度をつくる

バリバリなんでもこなす**プレイング社長からすると、評価制度や賃金制度は、つい**

後回しにしがちな苦手分野かもしれません。こんなことより営業の仕組み化や商品開発をやったほうがいいんじゃないかと焦る気持ちもわかります。

でも実は、この土台が強ければ強いほど、その後の会社の成長は加速度的に早くなります。まさにレバレッジが効いてきます。

「0人材」「1人材」「2人材」

あなたは、どんなときに「自分は成長した」と感じたでしょうか。あるいは、あなたの会社のメンバーは、どんなときに成長しているでしょうか。

漠然と「成長してほしい」と願っていても人は育ちません。また、懸命にアレコレと細かく教え込んでも、意外と育たないことも多々あります。

私が考える人材には、3種類あります。

「0人材（ゼロじんざい）」「1人材（イチじんざい）」「2人材（ニじんざい）」の3種類です。

一つずつ説明しましょう。

「０人材」とは、まだ１人分の仕事ができない人材です。たとえば、一人あたり月間70万円の粗利益で運営コストが賄えるとしたら、それに相当する「自分の食いぶち」も稼げていない段階の人です。これをすぐにクリアできる人は、いわゆる即戦力ですが、**たいていの新入社員は「０人材」からスタートする**と考えていいでしょう。

当たり前ですが、社員が「０人材」ばかりの会社は、プレイング社長がトップ営業をがんばって、なんとか回すしかありません。

「１人材」とは、一人分の成果を出せる人材です。

仮に10人の全社員がみんな「１人材」なら、10人分の売上をつくることができます。自分の給料分を自分で稼げる社員ばかりなら、社長が人一倍働かなくても会社は回ります。ただし、**どれだけ優秀な「１人材」の集団になったとしても、会社の規模を拡大していくことはできません。**前章で紹介した「エキスパート経営」は、まさに「１

人材」の集団といえます。

そして「2人材」とは、二人分以上の成果を出せる人です。レバレッジ経営に欠かせないのが、この「2人材」です。**幹部やリーダーのポジションを任せられ、人数の足し算を超える成果を出してくれます。**さらに「2人材」が次の「1人材」を育てられるようになると、組織は自立します。こうなれば社長は現場を離れて社長業に集中できるようになり、会社を次の成長ステップへと進めることができるでしょう。

このように、人材の成長段階を一つの枠組みで整理することはとても大切です。さて、あなたの会社には「1人材」は何人いるでしょうか。「2人材」は育っているでしょうか。「0人材」のまま何年も足踏みしている人はいないでしょうか。**このように整理してみると、漠然と「成長してほしい」と願うよりも、ずっと課題がクリアになります。**

ただ、「0人材」をいきなり「2人材」にできるわけではありません。「0人材」なら、まずは「1人材」へ、「1人材」として結果を出せるようになったら「2人材」へというステップが必要になります。

小さな会社は、新卒であれ、中途であれ、多くの入社希望者から選べることは少ないと思います。むしろ「知り合いの社長さんから紹介されて……」「知人から頼まれて……」「先輩からお願いされて……」など、縁がある人を採用する縁故採用が多いのが現実ではないでしょうか。

正直、**すぐに成果を出せる「1人材」「2人材」が採用できることは極めて稀です。**

だからこそ、育成の基準を明確にしておかなければなりません。小さな会社だと、つい感覚で「あいつは一人前になった」とか「まだ部下は持たせられないな」などと評価してしまいがちですが、一度「0人材」「1人材」「2人材」に当てはめて考えてみてください。会社の発達段階が見える化するはずです。

「成長できる環境」をつくろう

「育てばラッキー」が現実

どんな社長に聞いても、一刻も早く「0人材」を「1人材」にしたいし、できれば「2人材」にどんどん育ってほしいと思っています。ところが一方で、こんな声もよく聞きます。

「育て方がわからない」。

私はこれが悪いことだとは思いません。**「私は人の育て方が完璧にわかっている」なんていう人が、いるでしょうか？　ほとんどの場合が結果論だと思います。**「いや〜、彼女はよく育ってくれたね」「彼は思いがけず伸びたよね」。特に大きな会社ほど、最初から「全員が育つ」などとは考えないものです。大量に人を採用し、何人かがコア人材として残り、育っていく。「何人かが育つ〝だろう〟」というのが現実ではないでしょうか。

もともと優秀なビジネスパーソンである社長たちも、やはり**自分が育てられたという感覚が薄く、組織の中で人を育てるポジションを経験することなく独立した**人もかなりいらっしゃいます。

そういう人からすると、仕事は自分で努力して覚えていくものと考えるところがあります。しかも、**「私にできるのだから君にもできる」と、求めることが高くなりがちです。**しかし残念ながら、そんな要求に応えられる人はほとんどいません。

小さな会社は、大きな会社のように大量採用して人材をふるいにかけることもできません。ではどうすれば「1人材」「2人材」を増やしていけるのでしょうか？

それは、社員の目線に立ってみるとよくわかります。

あなたにできるのは、成長できる環境の提供

一時期、「ホワイト過ぎる会社を辞める若者」が話題になったのを覚えているでしょうか。

いわゆるブラック企業が問題なのはいうまでもありません。そして「心理的安全性」などが注目される中で、若い人材の扱いに会社がナイーブになってしまうところがあります。ところが、**あまりにもホワイトな環境は、若者にとってかえって〝ぬるい〟と思われてしまい、離職の理由の一つになっている**そうです。

〝ぬるい〟職場はらくそうでいいと思うかもしれませんが、**働き手の側にあるのは成長できないことへの怖さ**です。長く勤めてさえいれば年功制で給与が上がっていく時代ではありませんから、生き抜いていくためには自分の成長が不可欠だという危機感を持っています。つまり**非常に高い成長欲求を秘めている**わけです。

これが「1人材」「2人材」を増やすヒントになります。

前述したように、自分の思いどおりに人を育てられる人など、ほぼいません。しかし、**「成長できる環境」を提供することはできます。その環境をつくるのが評価制度であり、賃金制度なのです。**

成長機会を求める社員の頭の中には、こんなことが浮かんでいます。

①どういう仕事を求められているのか
②その仕事をするためにはどういうスキルが必要なのか
③その仕事ができるようになると、どういった評価をされ、どれくらいの報酬が得られるのか
④ステップアップしていくと、どんな仕事ができるようになり、この先はどのくらいの報酬を得られるようになるのか

ここまで明確に言語化している人は少ないと思いますが、要するに**「何をすれば認**

めてくれるの？」「それで自分は何者になれるの？」といったことを気にするのは自然なことです。

それを踏まえると、ポイントは、プロセスを評価する環境を用意することです。社員は、千尋の谷に突き落とされるような、とにかく現場に突っ込まれて「できるやつだけ上がってくる」結果重視のスパルタな環境は求めていません。

逆に、ぬくぬくと温室の中で、よくわからないまま報酬だけもらう〝ぬるい〟環境もよしとはしません。どちらもプロセスが吹き飛んでいます。

社員は、**確かな一歩を自ら踏み出して、その足跡を確認して、間違いなく前進していると信じたいのです。**

これは、あなたがあなたの言葉で伝えることも、もちろんできます。それも大切なのですが、やはり評価制度、賃金制度で、しっかりと納得感を持って報いることも、欠かすことができません。

評価制度と賃金制度が社員の心を安定させる

どういう仕事をできるようになると、どういう報酬を得られるのかを社員がひと目でわかる制度。この制度があれば、社員それぞれに目標を立てやすくなるし、そのためにがんばらなければいけないこともわかります。

そして、社員の不満の理由にもなる不公平感を消すことになります。

前述したように、小さな会社の採用は、同時期に一括入社というより、入社時期もキャリアもバラバラのケースが多いと思います。

給与がどうやって決められるかというと、ほとんどは社長の独断です。

「前の会社ではどれくらいもらっていたの?」

「年収500万円くらいです」

「じゃあ、うちでも500万円でいいかな」

面談時のお金の話はこれくらいでしょうか。もちろん、今いる社員とのバランスを考えて高くなったり、低くなったりすることはあると思いますが、そこに基準があるわけではありません。

これが後々、社員の不平不満につながります。


評価制度と賃金制度があると、面談時の会話はこうなります。

「前の会社ではどれくらいもらっていたの？」

「年収500万円くらいです」

「うちの場合、500万円だとこれくらいの仕事をお願いすることになるけどやれそう？」

「それだったら、前の会社でやってきたことと同じなのでやれます」

その人に合わせるのではなく、会社の基準に合わせる。これなら、お金に関する不平不満はなくなります。

当たり前のようですが、**この当たり前の制度がないのが小さな会社なのです。**

評価制度と賃金制度がないと、給与だけでなく、昇給や賞与なども不公平感の種になります。

「今年はがんばったから4月から月給を1万円アップします」と言われた本人は喜ぶかもしれませんが、「何をどうがんばったから1万円アップなのか」がわからなければ、隣で働いていて昇給できなかった人は納得できません。

最初は小さな火種かもしれませんが、積み重なればいつかは爆発することになります。がんばっている人が評価されなければ、いずれは会社を辞めていくことになるでしょう。

働く人たちにとって、この会社でがんばろうと思えるかどうかは意外にシンプルで、仕事ぶりを公平に評価してもらえるかどうか、そして自分の未来をイメージできるかどうか。

そうでなければ、時給いくらというわかりやすい働き方のほうが、よほど心穏やかに仕事ができると思います。

客観的な指標となる評価制度と賃金制度をつくることで社員は安心して働くことができるし、この会社で成長しようという意欲が生まれてきます。

実際にどうやって評価制度と賃金制度をつくればいいのかは、第4章で解説します。

ビジョンやパーパスがもたらす絶大な効果

社員は本当にパーパスを気にしている？

もう一つ、社員の意欲に欠かすことができないのが、あなたの想いやビジョンです。

近年はパーパスと呼ばれることもあります。

確かに、働く人の価値観は多様化していますし、お金だけが働く理由ではないという時代の気分は理解できます。しかし、本当にパーパスやビジョンをそこまで社員が意識しているのかは、いまひとつピンとこない人もいるのではないでしょうか。

参考までに、いくつか調査データを見てみましょう。

ウォンテッドリーが2022年12月に行った調査では、**就職先で重視するポイントのトップが「共感できるパーパスを持っている会社で働くこと（70％）」**、次が「自己成長性（69％）」となっています。

もう一つ、採用メディアを複数運営する株式会社学情が2022年11月に実施した調査でも、**企業のパーパスを知ると「志望度が上がる」「どちらかといえば志望度が上がる」と答えた学生が61・9％**にのぼっています。

限られた調査なので鵜呑みにはできませんが、少なくともこういった情報がすぐに手に入る環境にいれば、少なからずパーパスやビジョンを意識するようになっても不思議ではありません。

社長にどれだけの思いやビジョンがあったとしても、それが言葉として伝わっていなければ、社員の心に届くことはありません。

私は、小さな会社の社長たちに「自分のやりたいことをみんなに語ってください」と伝えています。**言語化する力は、人が育つ環境をつくり、レバレッジ経営に転換するために必要な資質です。**

経営計画発表会が会社を一変させた

社長が描く会社の3年後、5年後を社員や事業パートナー、取引先などとあらかじめ共有しておくことは、想像以上に大事です。

「この会社は将来こうなっていくのか」「この会社の未来に自分はどのようにかかわっていけるのか」「そういう未来ならこんなことを一緒にできるのではないか」など、それぞれに考えてもらう機会を準備できます。

人を育てる仕組みづくりに着手する段階においても、会社の未来を社員と共有できているかどうかは大きな違いです。「そんな話は聞いていません」「そんなこと必要なんですか」と社員にとって寝耳に水と捉えられることはなく、「めざすところを実現するために必要なこと」として前向きに受け取ってもらえることになります。

社長の心の中に会社の未来を閉じ込めたまま仕組みづくりを始めても、社員の協力は得られないどころか、今までと同じように、社長が一人でがんばることになるだけです。

そこで私が、**小さな会社の社長さんたちに勧めているのが、「経営計画発表会」の実施です。**

経営計画発表会というと、だいたいの社長が「私たちのような小さな会社に必要ですか?」という反応になるのですが、私は、どんなに小さな会社でもレバレッジ経営をめざすなら欠かせないイベントだと考えています。

そうでもしなければ、社員や事業パートナー、取引先などに、会社の未来を語る機会がないからです。

経営計画発表会は、みなさんが考えている以上に効果があります。

たとえば、第1章で紹介した二代目社長に、仕組みづくりや社内の改革に着手する前に勧めたのは、経営計画発表会でした。

なぜなら、その会社の最大の課題は、二代目社長の求心力だったからです。

二代目が仕事ができなかったわけではありません。売上が伸び悩んでいる業界だったものの、コンスタントに売上をつくれる力がありました。それどころか、業界で生き残るために新しい取り組みにも積極的でした。

しかし、先代の存在があまりにも大きかったため、どうしても二代目の言動を社員が軽視するところがあったのです。先代の社長のもとで働いていた社員からすると、「二代目は大丈夫か？」という不安を拭い去ることができなかったのでしょう。

二代目は私の提案を受け入れ、**2カ月の準備期間を経て、社内外向けの二段階で経**

営計画発表会を実施しました。

会社の雰囲気が変わったのは、そこからでした。

社員が二代目のほうを向いて仕事をするようになると、社内改革はスムーズになります。人を育てる仕組みづくりに着手するとともに、各部門の幹部を集めた会議を定期的に開催するようになりました。全営業担当との1週間に1回20分の電話面談もスタートしました。その効果もあって、**売上は1・5倍に伸びたといいます。**

二代目社長は、経営計画発表会の効果を次のように話してくれました。

「社員全員が同じ方向を向いて働くようになったのが大きな効果ですね。社員のモチベーションがアップしたのが手に取るようにわかります。**私は、社員の能力をまだ3割しか引き出せていないと思っています。**6割まで引き出せるようになれば、十分に勝負できる会社になれるはずです」。

ある建築会社では、社員、取引先、金融機関などを対象に経営計画発表会を実施したことで、人を育てることに覚悟が持てた社長もいます。

社員数５名前後の小さな会社ですが、軸となる社員が定着してくれないことに社長は頭を悩ませていました。しかし、一人抜けてもカバーできる力量が社長にあるため、辞められても「なんとかなるか。また、探せばいい」をくり返していたのです。

これでは数字が伸び悩むのも無理はありません。それでも社長は、地域No.１をめざしているといいます。そこで私は、経営計画発表会を提案しました。その準備の過程で、社長は、あらためて目標実現に人材育成が必須であることに気づきます。組織として動かなければ到達できない目標だったからです。

そして、人を育てる仕組みづくりを始めるとともに、新たに入ってきた社員に対する接し方をがらりと変えることになりました。**怒らないとか、優しくなるとかではなく、社員と向き合う時間をつくり、任せられるところは任せるようになったのです。**

その社長はとにかく現場が好きな人でしたが、今では仕事のほとんどを事務所でこなしています。現場でリアルタイムでの判断が求められるリフォームの現場には行くそうですが、その他の物件は、社員から送られてくる写真を基に指示を出しているといいます。

プロセスの評価が行動計画になる

明解な評価基準が後の仕組み化に役立つ

人が育たないのは、社員が何をすればいいのか、どういうスキルを身につければいいのか、会社がどこをめざしているのか、わからないのが最大の原因です。

すでに述べたように、自力で学び成長できるような人材が小さな会社にやってくるのは稀です。そうなると、**何をやればいいのか、具体的な行動レベルまで明文化しておく必要があります。**

評価制度のつくり方は第5章で詳しく解説しますが、最初にやるのは、それぞれの業務の棚卸しになります。

たとえば、業務の棚卸しとはこういうことです。

小さな会社では、同じ商品を持って営業へ行っても、社長は売れるけど、社員は売れないということがよくあります。

こういうときに、「どうして売れないの？」と一喝しても意味はありません。怒ったところで、売れるようにはならないからです。**社員でも売れる確率が上がるようにする簡単な方法は、売るためにやっている社長の行動を分析して、明文化することです。**

売れる社長と売れない社員の行動には、どこかに必ず違いがあるはずです。社長と同じような行動にあらためるだけで、売れる確率は格段にアップします。

これは営業という仕事の例ですが、評価制度は、それぞれの部門、職種で日々やっている仕事を整理することから始まります。そして、会社の目標を達成するために必要な行動に細かく分解していくことになります。

ここまで落とし込むと、社長が考える年間、月間、週間などの行動計画も立てやすくなります。

評価制度が完成すると、社員の行動管理もらくになります。

なぜなら、評価制度に盛り込んであるやるべきことがやれたかどうかを見るだけで、社員の行動を把握できるからです。小さな会社の起ち上げから数年で売上が伸び悩む原因の一つは、社員がやるべきことをやらなくなるからです。

しっかり管理すればいいだけなのですが、小さな会社の社長たちは、社員の行動を細かく管理するのが苦手です。自分の意思で自由に行動しながら結果を出してきた人が多いからかもしれません。

それに、忙しくて管理している時間がないのも理由でしょう。

しかし、評価制度をしっかりつくれると、その課題は解消します。

社員はやるべきことがわかるし、やれば評価が上がるし、やらなければ評価が下がることもはっきりわかるからです。

評価制度は、「これをやれば成果につながる」を言語化することでもあります。もし、**社員がやるべきことをやって成果が出なかったとしたら、そもそもの行動レベルに間違いがあるということ。**これは社員の責任ではなく、社長の責任です。

そのときは、見直せばいいだけです。

最初から完璧なものをつくろうとする必要はありません。小さな会社の仕組みづくりは、数年かけて完成をめざしていくものです。

第3章

ビジョンをつくる

ビジョンで蘇ったあの企業

1990年代から2000年代前半にかけて、急激に成長したあと突如ピンチに見舞われたコーヒーチェーンがあります。売上はあっても利益率が下がり、2008年には赤字に転落、株価は約40％も低下しました。

しかしそのあと、なんと2年でV字回復。今でも世界シェアトップを走っている最強のコーヒーチェーンがスターバックスです。

詳細は私が語るまでもなくよく知られているとおりですが、**スターバックスが復活を遂げたのは、ミッション・ビジョンへの回帰が大きな理由です。**

利益率を回復させたいならば、コストカットや効率化に舵を切りそうなところですが、むしろ効率化がスターバックスを弱体化させたといわれています。エスプレッソマシンの導入や、あらかじめ挽いた豆の利用、バリスタ研修費のカット。**もともとのスターバックスの魅力を無視した仕組みの濫用が、ブランド価値を低減させていったのです。**

再建に乗り出したハワード・シュルツCEOが取り組んだのは、仕組みの改善ではありませんでした。ミッションステートメント、そしてビジョンを新たにつくり、全社にスターバックスの価値を浸透させたのです。

スターバックスのミッションはあらゆる手段で社員に共有され、教育、評価にも入り込んでいます。**ミッションやビジョンという本質的な価値が、仕組みを正しく動かすエネルギーです。**

ビジョンなき数字の追求は虚しい

組織全体がビジョナリーでなければ、仕組みは空回りします。

短期間で急拡大した企業が、不正や不祥事で瞬く間に失墜していく様を見たことがないでしょうか。もちろん原因は一つではないでしょう。しかし**ビジョンが社員に浸透していなかったために、せっかくの仕組みが歪んだ形で機能してしまった**ことが一因であると私は思います。

ビジネスにおいて「数字を追う」ことが重要であることは論をまちません。ただし一方で、**「いいから数字を上げろ」と言われることほど、社員にとって虚しいことはありません。**

営業ノルマは典型的な仕組みの一つですが、ビジョンなき数字の追求が失敗を招いた例はいくつもあります。

２０１８年、スルガ銀行のずさんな融資が話題になりました。不動産投資に対する融資には自己資金10％を求めるルールがあったそうですが、融資を増やしたいがために契約者の預金残高を水増しする偽装が頻発。その裏には成績の悪い行員に対する苛烈なパワハラがあったとも報じられています。

２０１９年には、かんぽ生命保険の保険不正販売問題が発覚。顧客に虚偽の説明をしたり、顧客意向に沿わない商品を販売したりと、社内規定違反、法令違反を行う社員が多くいたことが明らかになりました。これもまた、過重ノルマが社員にのしかかっていた背景があり、かんぽ生命は同年度の営業ノルマを廃止しています。

ごく最近では、中古車販売のビッグモーターによる不正も大変な話題になりました。

巨大化した組織でこういったモラルの崩壊を防ぐのは簡単ではありませんが、**結果だけでなくプロセスにも関与していく必要があります。**そこで不可欠なのが、「何のために」というビジョンと、「どうやって」という行動規範なのです。

ところで、ビジョンに似た言葉にはパーパスなどがありますが、ここでは無理に分けて考えることはしません。結局はどんな未来を描いているかということなので、展望やあるべき姿という解釈でビジョンに括ってしまいます。

ではまずビジョンを掲げましょう、といわれても意外と難しいものです。「日本一の税理士事務所」では漠然とし過ぎていますし、かといって「正しい納税をサポートする」ではスケールが小さ過ぎる気がします。

どうすればもっとわかりやすく社員に伝わりやすいビジョンにできるのでしょうか。

ビジョンは書くのではなく描く

シーンを思い描く

もし今、あなたがビジョンを考えようとしてペンを走らせ、あれこれ書いては消しているようなら、いったん中止してください。

最初からシャープでかっこいい言葉にしようとすると、自分の語彙の範囲や最近よく見る言葉に縛られてしまいます。

その前にやるべきなのは、イメージすることです。

5年後、10年後、あなたの周りが「こうなっていたらいいなあ」というシーンを思

い浮かべてみてください。なんでも構いません。たとえばこんなことです。

■お客様が「あなたに頼んでよかった」と喜んでくれている
■社員のみんなが地域の人に愛されて笑っている
■地域の人たちがあなたの会社の商品やサービスについて語り合っている
■日本全国や海外からも感謝の声が届いている
■都心の一等地に自社の大看板が掲げられている

あまり例を挙げ過ぎても、今度はその例に縛られてしまうのでやめておきましょう。あなたが想像できるシーンはもっとたくさんあるはずです。とにかくそのシーンの中にあなたがいて「幸福だ」「会社をやってきてよかった」と思えることが大切です。

百聞は一見にしかず。一枚の写真は1000の言葉よりも雄弁。「家族と過ごす時間は幸せだ」と言葉で説明されるよりも、家庭で食卓を囲む笑顔の家族写真を見たほうが、ずっと心に迫るものがあります。

シーンをイメージできることは、あなたのビジョンを社員に伝えるときにとても役立ちます。「こんな瞬間を想像してほしい」「こうなったら嬉しいよね」と社員とシーンを共有できたら、ビジョンはグッと深く浸透していきます。

何も思い浮かばないときの2つのヒント

私はどんなクライアントにも最初にビジョンを聞きます。もちろん、何も思い浮かばず考え込んでしまう社長もいます。

そんなときにヒントにしてもらうことが2つあります。一つは創業時のこと。もう一つは会社の現状分析です。

創業時の想いは社長のまさに原点ですから、そこにビジョンが隠されています。

みなさん、会社を起ち上げた頃は、「困っている人の助けになるような会社にしたい」「ＩＴ業界の先端を走るような会社にしたい」「日本一売れる居酒屋にしたい」「みんなの記憶に残るようなイベントを仕掛けたい」など、それぞれにやりたいことがあったと思います。**大それたことでも、殊更に立派なことでなくてもいいのです。むしろ素朴な想いのほうがいいくらいです。**

そして、どうしてそんなことを考えたのかも、思い出してもらいます。「お客様の笑顔が嬉しかったから」「命を救えない悲しみを目にしたから」「父の夢を実現したかったから」など、理由もさまざまでしょう。

このような創業時のことをきっかけに、将来のビジョンをイメージするのは一つのやり方です。

もう一つは、会社の現状を振り返ってみるやり方です。簡単にいうと、**会社の強みや特徴をヒントにビジョンを描きます。**

たとえば、次のようなことを考えてみてください。

■なぜお客様はあなたの商品を買ってくれるのか
■競合他社と違うところは何か
■お客様からの評価の声には、どんな内容が多いのか
■社員は何が仕事の喜びなのか

最初は「特徴といってもねえ……」と沈黙する人もいるのですが、私があれこれ聞いていくと必ず何か出てきます。もし強みや特徴が何ひとつないのなら、お客様も社員もいないはずです。それこそ、**お客様や社員に「なぜこの会社を選んでくれたのか」「どこが会社の魅力なのか」を聞いてみるのも一つの手です。**

この商品なら他社より売れる、メニューの多さが評価されている、仕入先を独自に開拓している、味には自信がある……。そうした出てきた特徴から、会社の5年後、10年後にめざすべきところをイメージしてもらいます。

売れる商品だけに特化してシェア1位をめざすのもいいでしょうし、仕入先と共同で新たな製品を開発するのもいいでしょうし、フランチャイズ化をめざすのもいいでしょう。何かめざすものが見えてくると思います。

最後は5W1Hで埋めてみる

それでもうまくいかない場合は、**5W1Hを埋めていきましょう。**文章を書くときの基本中の基本ですが、ビジョンを整理するときにも役立ちます。

■ When＝いつまでに？（5年後に　など）
■ Where＝どこで？（県内で　日本中で　など）
■ Who＝誰に対して？（●●で困っている人たちに　など）
■ What＝何を提供する？（一番安価な商品を　など）
■ How＝どうやって？（独自の生産技術で　など）

■Why＝なぜ？（ニーズが増えているから　など）

ビジョンの言語化

ビジョンは腹に落ちるものでなければいけない

ここまでは自由に、制限を設けずにイメージをつくってもらいました。そこからビジョンを言葉にしていくのですが、一つ注意点があります。

会社のビジョンは、社員の腹に落ちるものでなければいけないことです。自分ごとにしてもらえる、と言い換えてもいいでしょう。

ビジョンは社員と共有できなければ意味がありません。

繰り返しになってしまいますが、ビジョンがあるから仕組みは正しく機能します。「**なぜこんな仕組みがあるの？」と社員が思ったときに、「このビジョンに向かっているからだ」という答えがなければいけません。**そうでなければ、「どんな手を使ってもノルマを達成する」「ズルをしてでも仕組みを守る」といった行為が徐々にはびこり、やがてモラルを失い、法人はその人格を歪ませていきます。それはあなたがめざす〝子育て〟ではないはずです。

これは非常に大切なことで、仕組みだけが先行して、**とにかく数字を達成すればお金がもらえるようになってしまうと、たとえ一時は急成長できても、きっとどこかで破綻します。**それは私が考える成長企業ではありません。

極端な例ですが、「お金を山ほど稼ぎたい」という想いで創業して、「高級レストランで豪遊する自分」のシーンを描き、「日本一売上の多い税理士」をビジョンに掲げたとしたら、社員は共感できるでしょうか。きっとできないでしょう。むしろ**「それなりに給料を稼いでそのうち転職しよう」と考える社員が続出する恐れがあります。**

これが、過去にお金のことで親に苦労をかけた背景があって、介護事業で成功して恩返しをしたいと考えていたらどうでしょうか。さらに、社員が親孝行できる会社をつくりたいというビジョンを掲げていたとしたら。それなら共感してくれる人がいるかもしれません。

簡単な言葉で素直に文章にする

さて、漠然としたイメージを言葉にしていくときには、**難しい言葉を無理に使わなくてもいいです。シャープでかっこいいフレーズである必要もありません。**

まずは社員にしっかりと伝わることが何より重要です。

ですから最初は長くてもいいので、イメージした未来像を素直に文章にしてみてください。

先ほどの例を使うならば、「働くすべての人がこれまでに親から受けてきた恩に感謝をして恩返しできる会社をつくって、親子の笑顔でいっぱいになった世の中を実現する介護事業者をめざす」といった文章になります。**テキストとしては不恰好かもしれませんが、言っていることはわかります。**これに、笑いあっている親子のシーンなどのイメージもあわせて持ってもらえれば、さらに腹に落ちやすくなるでしょう。

ここから、どのくらい言葉を磨いていくかはケースバイケースです。社内でだけ通じればいいという会社もあれば、キャッチコピー化して外部にも発信していくという会社もあるでしょう。

「社員が一番親孝行できる介護事業」みたいに縮めてもいいですし、「親子が感謝でつながる社会を」のようなコピーにしてもいいかもしれません。いずれにせよ、本書では**社員に伝わることが最優先です。**

第4章

ビジョンをマネジメントする

なぜ小さな会社のビジョンがお題目で終わるのか

ビジョンを見失いがちな社長のある特技

小さな会社の社長が、経営をするうえで一番よく見ているモノ（数字が書かれたものです）があります。決算書類ではありません。なんだと思いますか？

それは**預金通帳です。**

ある仕事で2000万円の利益が出たとき、口座のお金が2000万円増えていれば納得ですよね。ところが**会社の懐事情は通帳の数字だけでは把握できません。**他の仕事の支払いや売掛、買掛など、まだ通帳に記載されていない〝お金の動き〟が発生しているからです。

こんなことは今さら言われなくても知っている、という人が大半だと思います。しかし実際には**通帳ばかり見て経営している社長が珍しくありません。**それでも小さな会社が潰れたりしないのはなぜか？　それは、**社長には〝精密などんぶり勘定〟というすごい特技がある**からです。

何年も経営をしていれば、だいたいどのくらいの仕事量で、いつ、どのくらいのキャッシュがあればいいか、あるいはマズいかが、肌感覚でわかっています。そしてその感覚は、私が知る限りかなり正確です。

どんぶり勘定でも正確ならいいのでは？　と思うかもしれません。たしかに、今までどおりの経営で現状維持できればよいのなら、なんの問題もないでしょう。

一方、ビジョンに向かって成長していきたいのであれば、そうはいきません。**精密などんぶり勘定の大きな弱点は、事業計画が立てられないことです。**

通帳残高を中心にお金の管理をしていると、「だいたい月末にこのくらいキャッシュがあれば安心」という感覚で、2、3カ月先くらいまではおおよその予測が立ちます。**社長にとって資金繰りの悪化は何よりも怖いことなので、残高には非常に敏感です。**「何かがヤバそうだ」というときには、第六感が働いているとしか思えないほど、鋭く察知します。

反面、投資には鈍感になりがちです。

たとえば、飲食店が2店舗目、3店舗目を出店していきたいと考えたときに、通帳の残高がどうなっていたら「うまくいっている」といえるのでしょうか?

毎日の終わりにレジを締めて売上を口座に入れて、毎月の家賃や人件費を払って、残高を最後にチェックする。これだけでは結果論にしかならず、2店舗目の出店と運営に必要な資金計画が立てられません。**未来のことには精密などんぶり勘定は機能しないのです。**経験則が使えないのですから、当然です。

数字に落とせないからビジョンがお題目になる

独立起業した小さな会社の社長には、数字が苦手という人がたくさんいます。実際、財務諸表が読めない社長は珍しくありません。

自らのスキルや豊富な人脈など、個人の能力を活かして独立した人は個人事業主の延長のように経営してきたので、残高を見ていればどうにかなったのです。

そして何年も事業を続ける中で、お金の出入りの感覚がだんだん摑めるようになり、どんぶり勘定の精度が高まってきたのでしょう。

しかし新たな事業を展開したり、規模を拡大したりと、ここから成長企業をめざすのであれば、脱・どんぶり勘定が必要です。

ここでビジョンの話につながります。

せっかくつくったビジョンも、数値目標に落とし込んで中長期経営計画を立てなければ、絵に描いた餅で終わってしまいます。ビジョンは単なるお題目ではありません。 ビジョンを掲げたまま何年も万年標語のようにしている会社も少なくありませんが、日々忙しいうえに数字が苦手なため、気がついたらそのままになっているのが実態ではないでしょうか。実際、小さな会社の多くが、中長期経営計画がないままに運営されています。私の体感では9割近いのですが、とにかくどんぶり勘定でどうにかなっているのです。

そんな社長がこれから中長期経営計画づくりに取り組むのは、なかなか難しいように感じるでしょう。

しかし**専門家の力をうまく使えば、知識がなくても、忙しくて時間がなくても、必ずやりきることができるので安心してください。**

中長期経営計画をつくる

ビジョンをざっくり計画にしていく

専門家の力を借りる前に、まずはあなたのビジョンをざっくりとした数字に落とし込んでみましょう。財務や会計の話ではないので、難しくありません。例にならって、前章で考えたビジョンを実際に数値化してみてください。

たとえば、ある住宅メーカーが「5年後に地域No.1になる」というビジョンを掲げたとします。このビジョンを数値化するために、私なら次のような質問を投げかけていきます。

■地域No.1の住宅メーカーとは、どういう状態ですか？

年間建築数が多いのか、売上高が多いのか、店舗の数が多いのか、営業年数が長いのか、あるいは顧客満足度が高いのか。No.1の指標もいろいろですから、まずはそこをはっきりさせましょう。

ここでは、わかりやすいビジョンとして売上No.1をめざすとして話を進めます。

■地域No.1の売上とは、具体的にいくらですか？

なんとなく決めるのではなく、具体的な数値目標を決めなければなりません。そんなに難しいことではなく、地域内の同業他社の売上を見ればわかりますね。

■その売上を達成するには、年間で何棟の注文住宅を受注する必要がありますか？

現状の受注単価から算出可能です。仮に年間50億円の売上で№1になれるとして、平均単価が1棟3000万円だとすれば、必要な棟数は年間166棟になります。

■その棟数を受注するには、何人くらいのお客様と会わなければいけませんか？

これも現状を整理すればわかります。年間の商談数を成約数で割れば、1棟受注するために必要な平均商談数が出ます。極めて単純な話ですが、小さな会社の場合はこのような数字を出していなかったり、売上だけで「できた」「できない」を見ていることも珍しくありません。

■目標の人数と会うには、何を何回行う必要がありますか？

そもそも、お客様との接点を整理しなければなりません。住宅メーカーであれば、内覧会や家づくり勉強会などのイベントが考えられます。あるいは広告やDM、もしくは架電で営業している会社もあるかもしれません。

たとえば内覧会や勉強会なら月に何回開催すれば、お客様と商談になるのか。広告なら何にいくらの予算をかければ商談が1件とれるのか。過去の実績から数字を算出しましょう。

■月に数回の内覧会を行うには、何人のスタッフが必要になりますか？

現状の人員で対応可能かどうかも判断しなければなりません。これを考えるには、今の社員が何にどれだけの時間をかけているかを知る必要があるので、全社員の作業内容と作業量をあらためてヒアリングすることになります。

このように、どんどん目標を分解していくのが、ビジョンの数値化です。先ほどの例でスタッフの補充が必要であれば、今度はどうやって採用するかを数値化していくことになります。

【5年後のビジョン】
地域住宅メーカーNo.1（年間166件）

5年後		
売上高	5,000,000	千円
営業利益	500,000	千円
営業利益率	10	%
社員数	50	人

営業職で新卒3名採用
中途で管理職2名採用
部門長3名登用
営業分室を開設
顧客データのクラウド化

↑

3年後		
売上高	3,500,000	千円
営業利益	280,000	千円
営業利益率	8	%
社員数	38	人

営業職で新卒2名採用
中途で管理職1名採用
モデルルーム2部屋公開
ウェブ見積もりシステム公開
ボーナス5カ月分支給

↑

現在		
売上高	2,000,000	千円
営業利益	100,000	千円
営業利益率	5	%
社員数	25	人

こうして中長期経営計画は、細かな行動計画へと変わっていきます。**「誰が、何を、どれだけやれば会社が成長するか」というビジネスの仕組みが見えてくるのです。**

ざっくり計画の精度を高める

さて、ここまではそれほど難しい話ではなかったと思います。では、これで中長期経営計画をやりきれるかというと、残念ながらそうではありません。机上の空論でしかないからです。

たとえば先ほどの住宅メーカーが1棟受注するために10人と商談しなければならず、10人と商談するためには100人にアプローチする必要があるとします。

年間166棟を目標にするのなら、理論上は16600人にアプローチしなければなりません。今の人員、スキル、資金で本当にそれが可能なのでしょうか？

「とにかくやるしかない！」と走りだす小さな会社は、だいたいやりきれずに終わり

ます。

人数とスキルからすれば無理のある計画なのに、達成できないと「やるか、やらないかだ」「なぜやると決めたのにやらないのだ」と個人に責任を背負わせてしまうケースは少なくありません。さらに、評価制度や賃金制度が営業の仕組みにマッチしておらず、「やったのに報われない人」や「やっていないのに待遇が下がらない人」が出てきます。すると人は疲弊し、やる気を失っていきます。

こうなると**小さな会社の社長は、それ以上社員をノルマで追い込むのが嫌になり、自分で営業をがんばったり、「まあ仕方ないか」と諦めてしまったりする**のです。

小さな会社の計画段階で必要なのは、第三者の目、特にお金と人の専門家の目です。**中長期経営計画には資金計画と人事計画が欠かせません。**

たとえば、目標達成には人が足りないという場合、採用や、営業の外部発注を検討すると思います。当然コストが発生しますが、今の財務状況でそれが可能なのでしょうか？　資金が足りないとしたら、借入を起こしてでもやるべきなのでしょうか？　そもそもどのくらい融資を受けられるのでしょうか？

預金通帳を見て経営をしている社長は投資に鈍感だと先に述べました。**財務諸表が読めないと、現金以外のお金の動きが見えないため、こういった不確定なことに対する判断がことごとくできません。**結果、余計なことはせずに今までどおりの現状維持で終わってしまいます。

とはいえ、数字が苦手な社長に「財務を覚えましょう」というのは、正論ですが誰も望んでいません。忙しい社長にそんな時間はないのです。ですから、**数値目標に基づく資金計画については、専門家である税理士や会計士にアウトソーシングしてしまうのが得策です。**

ここで財務諸表の読み方や資金計画の立て方までわかりやすく解説するのは、本書のテーマからすると各論に入り過ぎるので、また別の機会を待ちたいと思います。それよりも、財務や労務といった面倒そうで専門的なことを思い切ってアウトソーシングすることが、あなたにどんなメリットをもたらすのかを知っていただきたいと思います。

小さな会社の社長は専門家を使いきれていない

専門家とはどんな存在だと思いますか？

私はたびたび、クライアントの社長から「うちの税理士からは提案がない」と悩みを打ち明けられます。税理士の肩書きを持つ私が「社長のやりたいことはなんですか？」と尋ねると「そんなことを聞いてくれる人はいなかった」と言われることもあります。

税理士といえば、税務の専門家、財務の専門家、もっと広くいえばお金の専門家というのが一般的な認識でしょう。でも具体的に何をオーダーできるのかは意外と認識がバラバラで、普段おつきあいしている税理士によるところが大きいのではないでしょうか。

小さな会社が仕組み化をやりきるには、実は専門家（士業）をうまく活用することが非常に大きなポイントになります。具体的には、仕組みの基盤となる財務と労務の領域において、です。

労務については次章で扱うので、ここでは財務を中心にお話しします。

あなたの会社にも顧問契約を結んでいる税理士がいると思いますが、どんな仕事をお願いしていますか？

多くの場合、定額の顧問料を支払って、決算資料をつくってもらうのがメインではないかと思います。このような関係だと、事業の結果を基に数字をきれいにまとめるのが税理士の仕事になります。経費処理や節税についてアドバイスはあるかもしれませんが、中長期経営計画を一緒につくってくれることはないでしょう。

社長には**「税理士は決算書類をつくる人」といった思い込みがあるのではないか**と私は思います。最低限の顧問料で決算をやってもらえればいいので、中長期経営計画のような経営コンサル的な仕事を依頼する発想がそもそもありません。これは非常にもったいないことです。

もしあなたが顧問税理士について「あまり提案してくれない」「言われたことしかやってくれない」と思うことがあるとしたら、ぜひ中長期経営計画の相談などを持ちかけてみてください。もちろん顧問料の範疇では難しいと思いますが、経営コンサルの領域で相応のコストを支払うだけのメリットを得られる可能性があります。

たとえば、**経営計画を立ててからの、半年後のキャッシュフローの予測を立ててくれる。納税金額の予測を立ててくれる。未来の損益を事前に計算してくれる。**これらがわかれば、商品やサービスの開発への投資を検討するなど、次の一手を考えることができます。

一般的な税理士の業務

税務代理（独占業務）	税務書類作成・提出
	税務調査立会い
	税務相談・節税対策
会計業務	記帳代行
	試算表作成

経営の仕組みに関する相談も可能

中長期経営計画作成サポート
資金調達サポート
経営アドバイス
起業支援
事業承継・M&A対策
キャッシュフローアドバイス

しかも社長自身が管理業務から解放されるので、社長業に集中する時間がつくれます。これは成長企業にとって大きな武器です。

仕組みは一気通貫で見るべき

経営戦略は経営コンサルタントに。

資金繰りは財務コンサルタントに。

人事評価はシステムで。

人材育成は外部研修で。

こんなふうに、**領域ごとにあちこちに専門家を抱えているケースがありますが、私はおすすめしません。**小さな会社の場合、仕組み化をやりきれない原因になります。

繰り返しになりますが、**企業のビジョンと中長期経営計画と財務と労務は、一気通貫**です。これらががっちりと噛み合うから仕組みになるのです。

ところが、「最近、評価に対する社員の不満が多い」という症状が現れた途端に、外部の人事評価システムを導入しようとするケースがあります。

あなたがちょうど悩んでいるところに人事評価システムの広告が出てきます。話だけでも聞いてみようと問い合わせます。相手は喜んで商談に出向いてくるでしょう。そしていかに自社のシステムがあなたのためになるかを熱弁するはずです。相手の営業担当者は経営者ではありません。これでは対症療法で終わるか、下手をすると何も解決されないことになります。

結局、**ビジョンと目標とお金と人を一気通貫で見られないと、根本的な原因はわからない**のです。

特に、扱っている商品や仕事の進め方などに独自色が強い小さな会社の場合、汎用的なパッケージシステムを導入してもうまく適用できないことが多いのではないでしょうか。

これは、症状に合わない薬を処方するようなものです。

インフルエンザのときにどんなに効果のある風邪薬を飲んでも、症状を改善することはできません。それどころか、評価システムの場合は、つらい副作用に襲われることがあります。

というのは、本来なら評価されるべき社員が、システムを活用することで評価されないということも起きるからです。最悪の場合は、小さな会社にとって貴重な人材を失うこともあります。

ですから、**あちこちのコンサルやシステム会社に頼る前に、仕組みの基盤となる税務や労務の専門家に相談してみることを私はおすすめします。**

頼りになる専門家の見分け方

一方で、税理士側にも課題はあります。誰もかれもが、経営の領域までサポートできるわけではない、ということです。むしろ**経営まで理解している税理士は多くない**

と思います。

その理由は、経営というものを経験していないからです。

野球少年がプロ野球選手になるように、おかしづくりが得意な人がパティシエになるように、税務が得意な人（資格を取れた人）が税理士になります。**経営が得意な人が税理士になるわけではありません。**独立して事務所を構えていたとしても、個人技で試合をしている人が少なくありません。本書でいう「エキスパート経営」をやっている人たちで、あなたのめざす「レバレッジ経営」を実践しているわけではないので、当然そのようなサポートもできません。

では、レバレッジ経営をめざすあなたにとってよい税理士はどこにいるのか？

まずはすでにおつきあいのある税理士に相談するのが一番ですが、**新たに探すのであれば、一つの目安は自ら事務所を組織化して事業を拡大させている税理士**です。

誤解してほしくないのですが、エキスパート的な税理士が悪いと言いたいわけではありません。それは一つのスタイルであり、選択です。

ただ、**税理士の知識やスキルが、小さな会社の成長に活かしきれていないとしたら、それはもったいないと思います。**

近年は税理士も手間仕事に追われることが多くなり、顧問報酬もどんどん安くなっている現状があります。このままでは税理士は食えない資格になるといわれることもあるくらいです。でも私はそうは思いません。

小さな会社を成長させるために、税理士にできることは決算処理だけではありませんから、これから「頼りになる税理士」が増えていくことを期待しています。

ビジョンをマネジメントする方法

経営計画を共有する

突然ですが、ダイエットや筋トレに挫折した経験はありませんか？　周りにそのような人はいませんでしたか？

一度やるぞ！　と決めても意外と続かないで終わってしまうのは、誰しもある身近な悩みです。

ダイエットに挑戦する人も、ビジョンから始まります。モデルのようになりたいとか、憧れの服を着こなしたいとか、健康になりたいという人もいるでしょう。そしてビジョンは数値化します。半年後に10キロ痩せる、体脂肪率を5%落とす、ウエストをマイナス7センチ細くする、などです。

ところが、これがなかなか達成されません。食事の誘惑、運動をサボりたい誘惑があるのはもちろん、痩せなくても今すぐ問題になるわけじゃないので、「まあいいか」で終わるのです。

これは仕組み化をやりきれない社長のメンタリティに近いと思います。結局、会社が潰れない限り「まあいいか」で済んでしまうのです。

そんな中で、某パーソナルトレーニングジムが「結果にコミットする」と喧伝して非常に流行りました。実際に痩せた人がテレビコマーシャルにバンバン出ていました。

それからパーソナルトレーナーはごく一般的なものになりましたが、なぜ結果が出るのでしょうか？　それは**記録と報告と巻き込み**が理由だと思います。

パーソナルトレーニングでは、運動の量や食事のメニューまで細かく記録します。そして記録をトレーナーに報告します。これは強制的にやらされているから続くのだという見方もあるかもしれませんが、プロセスを見える化することには、それ以上の効果があると思います。変化の実感を得られることで、取り組んでいることの意味を見出しモチベーションが上がるからです。

たとえ10グラムずつだとしても、日に日に体重が減っていくのは嬉しいものです。その度に「痩せた自分」のビジョンが鮮明になっていきます。ワクワクして止まりません。

一人で黙々と記録を続けられるならそれもいいのですが、やはり誰かに報告して巻き込んでいくほうが、より挫折は避けられるでしょう。共に喜んでくれたり、ときにはダメ出ししてくれたりするトレーナーがいる意味は非常に大きいと思います。

同じように、中長期経営計画も、記録、報告、巻き込みでやりきることができます。

その手段が、第2章でも述べた経営計画発表会です。

納得感こそモチベーションの源泉

小さな会社では、経営についてはトップや一部の幹部だけで考えればいいと思われがちですが、実は逆です。

第1章でも述べたとおり、むしろ**小さい会社ほど社員は社長の考えや会社の進む方向に敏感ですから、積極的に共有しなければなりません。**

現場の社員には、経営のことなど気にせずにがんばってほしいという気持ちもわかります。でも実際は社員も経営が気にならないわけがなく、**隠せば隠すほど不信感が募り、社長の意図しない噂話が蔓延したりします。**

そうなってしまうと、現場に数値目標を伝えても「なぜそれをやらないといけないのか」「意味があるのか」と疑念が出てきて、一枚岩になりきれない結果になるのです。

経営計画発表会は、中長期経営計画をつくった段階でまず行います。その後も、月に1回程度の共有が理想です。月次決算できちんと数字を追いかけ、進捗をみんなで確認します。記録と報告です。

このような会議体を設けると、社員がイヤイヤ参加するイメージを持たれる方もいます。毎回同じような数字の報告だと、たしかに聞いているほうは退屈でしょう。中には「今やらないといけないない作業があるんだけど……」などと思ってしまう社員もいるかもしれません。

でもその一方で**「上だけで何かが決まってやらされる」のも嫌なのです。**社員のやる気のマネジメントは本当に難しいと思います。

こういうときのポイントは、納得感です。

若い社員に経営層と同じ視座に立てというのは無理があります。「やる気になれ」

「本気になれ」と言ったところで、言われただけで本気になる人もいません。

ただ、毎回必ずビジョンを確認して、ビジョンと紐づけて数字の話をすることで、納得感を引き出すことはできます。**「またこの話か」と思われたとしても、「何のために数字を追いかけているか」を外してはいけません。**数字はビジョンとセットでマネジメントするのです。

10人に満たない組織であれば、一人ひとり面談形式で伝えてもいいでしょう。

バックシートドライバーになっていませんか？

カーナビを使っているとき、渋滞や事故が発生したり、道を間違えたりすると「リルート」がかかります。有料道路を使うか使わないかでも、ルートは変わります。目的地をセットした際の到着予想時刻は、ルートやペースに応じて早くなったり遅くなったりします。でも、目的地に向かっていることだけは絶対に変わりません。ルートを選択するのはドライバーです。

あなたは会社のドライバーです。

目的地はあなたが設定したビジョンです。

このゴールを変えることはありませんが、ルートは変えても問題ありません。というより、**ルートは変わるものだと思ったほうがいいでしょう。**

5年後に地域No.1、売上50億がゴールで、現在地が売上20億だとしましょう。計画としては、1年後に25億、3年後に35億と段階を踏んでいくことになります。

しかし経営をしていれば、予定通りにいかないことも多々あります。実際に、新型コロナウイルスが流行したタイミングでは、多くの企業が中長期経営計画の見直しを発表しました。こうした柔軟性はあって然るべきものです。重要なのはビジョンに向かっていることです。

ですから、3年後に35億のはずが、どうも届きそうにないとわかった時点で「リルート」をかけましょう。３年後に30億、５年後に40億、地域№１になるのは７年後にしても構いません。

ただし、その度に経営計画発表会でしっかりと社員に説明し直すことは必須です。それが納得感につながります。

社長は「バックシートドライバー」になってはいけません。**バックシートドライバーとは、後部座席から「あっちへ行け、そっちへ曲がれ」と指示を出すだけの人です。**

ハンドルを握り、ルートを選んでいるのは、ドライバーである社長です。この判断や決断こそがマネジメントの仕事だと思います。

ビジョン実現のための組織図

肩書きのための肩書きはいらない

2021年、テスラのイーロン・マスクCEOが自らを「テクノキング」と名乗り話題になりました。テクノロジーの王様、といったことなのかもしれませんが、実はこの肩書きには「なんだかユニーク」以外の意味はほとんどありません。何しろイーロン・マスク氏の権限や職務は何一つ変わらないというのですから。

よく考えてみると、会社員の人が名刺を渡す際に「●●社の営業課長の小川です」

など肩書きを説明するケースは少ないように思います。たいていは「●●社の小川です」で済んでしまいます。「テクノキング」のようなユニークさがない限り、**外部の人にとっては肩書きなどそれほど意味がないのかもしれません。**

小さな会社でよくあるのが、「長く勤めているから」「後輩や部下ができるから」「給与をアップするから」「ノルマを達成したから」といった理由で肩書きをつけることです。本人としては、肩書きがつくことで誇らしい気持ちになりますし、自信もついて、組織人としての自覚や責任感が生まれるかもしれません。

でも**〝肩書きのための肩書き〟の効力は長続きしません。**実態が伴っていないことがすぐにわかってしまうからです。「名ばかりなんで（笑）」「いやあ、やってる仕事は前と変わらないんですよ」なんて自嘲的に話す人も出てきてしまいます。

役割を明確にすること

大事なのは肩書きではなく、組織図です。

まず組織図があって、組織図に役割を当てはめていって、そこにはじめて肩書きがつくのです。

組織図は、社員に名札をつけて単に組み合わせを考えるパズルではありません。ビジョンへ向かう中長期経営計画に基づいた、人的資本の設計図です。組織図の頂点には常にビジョンがあります。そして数値化された計画を達成するための枠組みができます。その枠組みの中でどんな役割を果たすのかが、肩書きになります。

「すごい成果を上げたから部長」ではなく「これからこういう成果を上げてほしいから部長」。組織図と役割さえはっきりしていれば、肩書きなど部長でもテクノキングでも、なんでもよいのです。

小さな会社の多くは、組織図をつくるという概念がありません。なぜなら、その必要性を感じていないからです。組織図はあったとしても、名ばかりの座席表。仕事の相談から休日の相談まで社長ひとりに集中し、あれこれと指示を出すのも社長ひとりというのが現実的なところでしょう。

社員数が10人くらいまでなら、それでも対応可能かもしれません。しかし、10人を超えてくると、社長ひとりで全員を管理するのは難しくなります。実際は、10人でもちゃんと管理できているかというと怪しいところがあります。

小さな会社でも、社長をトップにして営業や開発、財務など、業務ごとに分割した組織図を描くことはできると思います。その業務それぞれにリーダーを配置して、その下に一般社員が連なる。人数が少なければ、それほど時間はかからないでしょう。

レバレッジ経営をめざすには、**組織図を作成することで指示命令系統を見える化し、社員に自分の上司が誰なのかわかってもらうことが大切です。**組織図がないと、なんでも社長に相談するようになるし、社長でない場合は話しやすい人に相談してしまいます。

もちろん、視覚的に上司だとわかっても、社長に相談してくる社員がすぐに減るわけではありません。もともと社員からの相談が嫌いではない社長ですから、社員から声をかけられると、喜んで対応してしまうからです。

その気持ちは、私にもよくわかります。それでも私は、社長に**「上長に相談する習慣が身につくまでがまんしてください」**と話しています。実際、私もあえて相談に乗らないようにしました。社員が相談する先は、組織図に明記されている上司です。

小さな会社の社長の悩みごとのひとつに「幹部が育たない」「リーダーが育たない」というものがありますが、**組織図を描いてみるとわかるのは、その役割を担う人材はいるけれども、社長がその役割をすべて奪っているという現実**です。

幹部やリーダーが育たないのは、実は、社長が育てていないからでもあるのです。

ある会社では、組織図を作成した段階から、リーダーに自覚を持ってもらうために、定期的に幹部会議を開くようになりました。

中長期事業計画をつくってから組織図を描くことで、現在の組織図だけでなく、未来の組織図も描くことができます。なぜなら、５年後の目標を達成するためには、社員がどれくらい必要なのか、店舗数がどれくらい必要なのかなど、組織図を構成する要素が見えてくるからです。

その図からも、社長に全社員が連なる文鎮型の組織のままでは、レバレッジ経営に転換できないことがひと目でわかります。

第5章

人を育てる成長考課制度のつくり方

人事評価制度は人を成長させるもの

忘れられがちな人事評価制度の本当の目的

人事評価制度は何のためにあると思いますか?

文字どおり「人の出来・不出来を査定して給与を決めるため」だと思っているとしたら、それでは不十分です。もちろん最終的に給与を決めるわけですが、**人事評価制度の本質的な価値は「継続的に利益を上げること」であり、そのために「人を成長させること」**です。

それはつまり、社長である**あなたも社員も幸せになるためのもの**、と言い換えてもいいと思います。

ビジョンを数値化した中長期経営計画が完成したら、達成に向けて社員に働いてもらわねばなりません。**あなた自身が事業そのものという状態から、社員が自律的に事業を回す状態にもっていくのが経営の仕組み化**です。

しかし小さな会社のほとんどが、ビジョンに対して〝戦力不足〟の状態にあります。ビジョンは未来の理想ですから、現状との間にはギャップがあって当たり前です。

このギャップの埋め方が、大きな会社と小さな会社では異なります。資金も知名度もある大きな会社の場合、採用で戦力を補強することができます。希望通りの人材を確保するのは簡単ではないでしょうが、大量に採用すればコア人材が数名は結果的に育つというスケールメリットがあります。

一方で**小さな会社は、一人採用するだけでも容易ではありません。全員がコア人材といっても過言ではないでしょう**。これまで一緒にがんばってきた社員たちが、これからも辞めずに育ってくれるのがベストです。

「社長＝人事」の会社で社員のやる気が下がるワケ

私が見てきた小さな会社には人事評価の仕組みがほとんどありませんでした。

社員が数名の会社の場合、だいたい社長（あるいは上司）と社員の関係性の延長で評価や待遇が決まっています。半期に1回や年に1回など、直々に評価面談をすれば済んでしまうのですから、わざわざ仕組みをつくるまでもないわけです。

簡単な振り返りシートや目標管理シートを提出させるケースもありますが、そのほとんどは面談のための〝話のタネ〟のようなもので、評価のツールとして活用されているものではありません。

たとえば、ある会社の中堅社員が年度の目標に届かなかったとします。

面談の前に社長は悩みます。

（これだけで評価してしまったら、給与はほとんどアップできない。でも彼（彼女）は年齢的にも次のキャリアを考え始めている。正直、今抜けられたら他の社員の負担が増えるし、結局は自分の負担になる。人間的にはとても好きだ。同等の人材を採用できるとは思えない。せめて後輩が育つまでは残ってほしい）

そして面談ではこうなります。

「ちょっと目標には届かなかったけど、君がよくがんばっているのは知っている。来年はよりリーダーとしてステップアップしてもらいたい。後輩を君の下につけて、君にはリーダー職になってもらう。役職者としての報酬と、期待値を込めて●万円アップでどうだろう」

結局、**仕組みがなければ社長が人事のすべて**ですから、振り返りも目標管理もすっ飛ばして、会社全体のバランスやタイミングを優先してしまいます。そこに、人の好き嫌いや日頃の印象といった主観的な材料が乗っかってきて、**社長の胸先三寸で給与**

が決まりがちです。

主観によるありがちな評価の偏りには、次のようなものがあります。人間ならば誰しもやってしまうことです。

【権威や威光に惑わされる「ハロー効果」】

東大卒だから賢いはず。上場企業からの転職者だからすごいはず。

【評価が手段化する「逆算化傾向」】

管理職にしたいから評価を上げておこう。

【謎のマイ理論「論理誤差」】

事務職しか経験がないからコミュニケーションは苦手だろう。

【優しくなりたい「寛大化傾向」】

この人はがんばり屋だからちょっと高い評価をあげちゃおう。

【すべてが自分基準「対比誤差」】

私が余裕でできる事務仕事にこんなに苦戦しているようでは全然ダメ。

社長としては評価面談を乗り切って社員が残ってくれれば一安心かもしれません。しかしこれでは、次年度も、その次の年度も同じことを繰り返すことになるでしょう。そして遠からずこの社員は辞めていきます。

社員一人ひとりの声にできるだけ応えてあげたいと思うのは自然なことですし、社長の頭の中では評価も昇給も筋が通っていることでしょう。しかし**他の社員は社長と同じ視野や視座を持っているわけではありません。**すると「あの人だけどうして？」「あの人よりがんばっているつもりなのに……」という不平不満になります。納得感の欠如です。

中途採用の社員と、既存社員との待遇の差が火種になることもよくあります。社内に仕組みがないので、中途採用の面談で「前職で年収４００万円だったから、４００

万円で」という交渉になると、やはり社長の感覚で決まってしまいます。これまで会社に尽くしてきた既存社員が、もしそれ以下の給与だとしたら「おもしろくない」と感じるのも無理はありません。

社長は常に頭の中で全体のバランスや会社の懐具合を見て、よかれと思って判断しているはずです。それなのに「ひいきだ」「好き嫌いで決めている」などと言われると悲しくなります。

評価面談のたびに社員全員の「不満のタネ」を一人ひとり潰していくのも、物理的に限界があるでしょう。

その根本的な原因は、ビジョン・経営計画・人事評価という一気通貫した仕組みがないことです。社員には社長の頭の中が見えていないのです。

あなたの会社にとってベストな人事評価制度とは

最強の評価システムなどない

「誰からも文句が出なくて、社員からも経営者からも評判のいい人事評価制度はありませんか？」

私の答えは「残念ながら、ありません」です。**どんな会社もこれで大丈夫！　といった最強の評価システムなど存在しません。**

かつて成果主義が流行った頃、日本の大手家電メーカーも成果主義を導入しました。そして失敗しました。こんなことが起きたそうです。

「部下を教育したりフォローしたりする時間がムダです。その時間で成果を上げたいです」

「私のノウハウは私のものです。ライバルに提供する必要はありません」

成果至上主義は、利己主義、個人主義を連れてきます。

またある会社では出世をめぐってこんな不満が出ていました。

「TOEICの点数が評価項目に入っているのに、英語力を活かす機会など実際はない」

「A評価に値する結果を出したのに、全社の業績が悪いので今年度はB評価にするって……意味がわからない」

360度評価を導入した会社ではこんなことが起きます。

「私はこんなに評価が低かったのか。次は評価を落とさないように、あまり部下にダメ出ししないようにしよう」

「まだ経験のない若手にマネジメントの何が評価できるというんだ。こんなにがんばっているのにガッカリだ」

お互いに評価するシステムは、良い面にも悪い面にも、普段の関係性が色濃く出てしまいます。評価者や評価基準への信頼度の違いによって、**ネガティブな評価を「課題の見える化」と捉えるか、「みんなからの袋叩き」と捉えるか**が、極端に分かれてしまうのです。

近年は海外企業を中心に、**年次評価や社員のランク付けを行わない「ノーレイティング」の導入が進んでいます。**端的にいえば、上司が部下を評価して給与を決定する制度です。これから導入がさらに進む可能性がありますが、**上司に高いマネジメント能力が求められたり、時間的な負担が増加したりと、ハードルは決して低くありません。**

いうまでもなく、人を正しく評価するのは極めて困難です。成果なのか、職能なのか、人物なのか、スキルなのか、年次なのか。**どこを切り取るかによって、人は凡庸な鉛玉のようにも、ピカピカの宝石のようにも見えます。**私も、あなたもです。

あなたの頭の中にある評価制度こそベスト

ならば、どうすればいいのでしょうか？

答えは、あなたの頭の中にあります。**あなたの中だけでブラックボックス化している評価システムを形にしたものが、あなたの会社にとって最高の人事評価の仕組みなのです。**

「組織が20人を超えてきたので、そろそろ人事評価制度を入れようと思う」

そういう社長も多いのですが、私はもっと少ないうちから制度をつくっておいたほうがいいと思います。

社員が少ないうちは、社長が会社のほぼすべてを把握できています。だからこそ一人でなんでもやってしまう弊害もあるのですが、一方で「わからないことが少ない」利点もあります。大きな会社では社長が現場の細部までは見られません。

さて、ここで思い出してください。ここまであなたは会社のビジョンを描き、そこに向かう計画を立ててきました。

では、計画を実行するためには、**どんな人が何人くらい必要で、今いる社員がどんなスキルや特徴を持ち、これからどう成長してくれたらいいのか。**他の誰よりも、あなたが一番はっきりイメージできているはずです。

そのイメージをこれから仕組みとして形にしていきます。

自分が思ったとおりの評価制度で、本当にみんなが納得するのか疑問に感じる人もいるかもしれません。

たしかに世の中には、あなたより人事評価に詳しい専門家はたくさんいるでしょう。

でも、**あなたの会社について、あなたより詳しい人はどこにもいません。**「あの人は子育てに詳しいから」といって、他人に子育てを任せる親がいるでしょうか？　専門家にアドバイスをもらうことは大切ですが、**あなたの会社の仕組みはあなたにしかつくれない**のです。

結果だけでなくプロセスに関与する仕組みをつくる

「ホームランを増やせ」と言われて増やせますか？

私は、クライアントと一緒につくっていく人事評価制度を「**成長考課制度**」と呼んでいます。**結果だけでなくプロセスに関与する**ことを強く意識してもらうためです。

人事評価では結果に目がいきがちですが、それよりも**社員に成長までの筋道を見せて、成長できるという納得感を持ってもらうことが非常に大事**です。

たとえば、プロ野球選手に「来年はホームランを10本打てるようになろう」と言ったとしても「どうやって？」と思われてしまうでしょう。

会社でも次年度の目標を決めることはよくありますが、似たようなことになってはいないでしょうか。

「次年度こそは年間の売上目標を達成しよう」

「はい。がんばりたいです」

「何が課題だと思う？」

「営業のアプローチ数を増やさないといけないかと……」

「そうだね。じゃあ月間50件の新規アプローチをやりきろう」

一見すると行動目標に落とし込めていて問題ないように思えますが、これで社員に成長への道筋と成長できる納得感が伝わっているでしょうか。おそらく伝わりません。

すでに仕事ができて成功体験もある社長には、アプローチを増やせば結果につながるプロセスが見えています。どうやって数を増やすか、そのうえで商談をどう進めて、どうクロージングするかもわかっています。

社長（あるいは上司）と社員の間には「納得度のギャップ」が必ずあります。

ところが**社員にはプロセスが見えていません。**数字を追うことが大事なことは理解できるでしょうが、売上目標の達成までには距離があります。**「どうやって？」の筋道がわからないし、どんな自分になれるのかもイメージできません。**

これでは結果も出ないし、ただ数字を追うだけの仕事に、社員はやる気を失っていきます。

あなたの当たり前が社員にとっては宝の山

社長からすると「なぜやればできることなのに、できないのだろう？」「学生じゃないのだから、もう少し自分で考えて動いてほしい」などという不満につながります。

また、結果だけの評価になると、評価を伝える面談が社員を責める内容になりがちです。

「どうして達成できなかったのですか？」

「いつになったら達成できるんですか？」

達成できなかったのは事実としても、プロセスを会社に見てもらえていないとなると、会社に不信感を抱いても不思議ではありません。問い詰められる面談だと、中には、心が折れてしまう社員も出てくるのではないでしょうか。

プロセスへの関与の不足と納得度のギャップ。

これが、**自立した社員がなかなか育たない原因**です。

あなたが社長としてトップ営業で仕事を取ってこられるのはなぜですか？

あなたが社員よりも質の高い仕事で顧客に満足してもらえるのはなぜですか？

社員が悩み続けている資料づくりをあなたがやればあっという間に終わるのはなぜですか？

あなたにとって当たり前のことが、社員にとっては成長につながる宝の山です。

それらをあなたの頭の中からすべて取り出して、言語化し、仕組みに組み込んでいったものが「成長考課制度」なのです。

【①組織図の作成】成長後の姿をはっきりさせる

組織図は成長企業の設計図

それでは、具体的な成長考課制度のつくり方を解説していくことにしましょう。
手順は、以下のとおりです。

①組織図の作成
②現状の分析
③考課一覧の作成

④賃金テーブルの作成と紐づけ
⑤考課ルールの作成
⑥運用開始

まず、①の組織図の作成です。

第4章で述べたように、組織図は中長期経営計画を作成した段階で、現状の組織図と未来の組織図をつくります。

実は、計画の段階で組織図をつくるところが大きなポイントです。なぜなら**未来の組織図は、「こういう人がいてほしい」という未来の設計図であり、社員の成長も計画の中に組み込まれている**からです。

未来の組織図をつくることで、計画達成のためには「どんなポジションに、どんな人がいればいいか」が見える化します。当然、現状では該当する人材がいないポジションも出てくるでしょうし、ほとんどのポジションが社長の名前で埋め尽くされることにもなりがちです。最初はそれで構いません。現状と理想にはギャップがあって当たり前です。

10人の会社がそのまま10人の組織図だけを描いても、成長にはつながりません。ビジョンと経営計画にあわせて、**未来の組織を今設計することに意味があります。**

また、成長考課制度において組織図が必要なのは、**上長（部下の育成の責任者）が誰なのかを明確に示すためでもあります。**

組織図に上長として明記された社員はその役割を自覚するでしょうし、そうでない社員は、組織図を見ることで自分の未来を考えることになるでしょう。また、社長としては、「経営計画発表会で伝えた会社のビジョンをこの組織で達成する」という、社員へのメッセージにもなります。

未来の組織図（3年後）

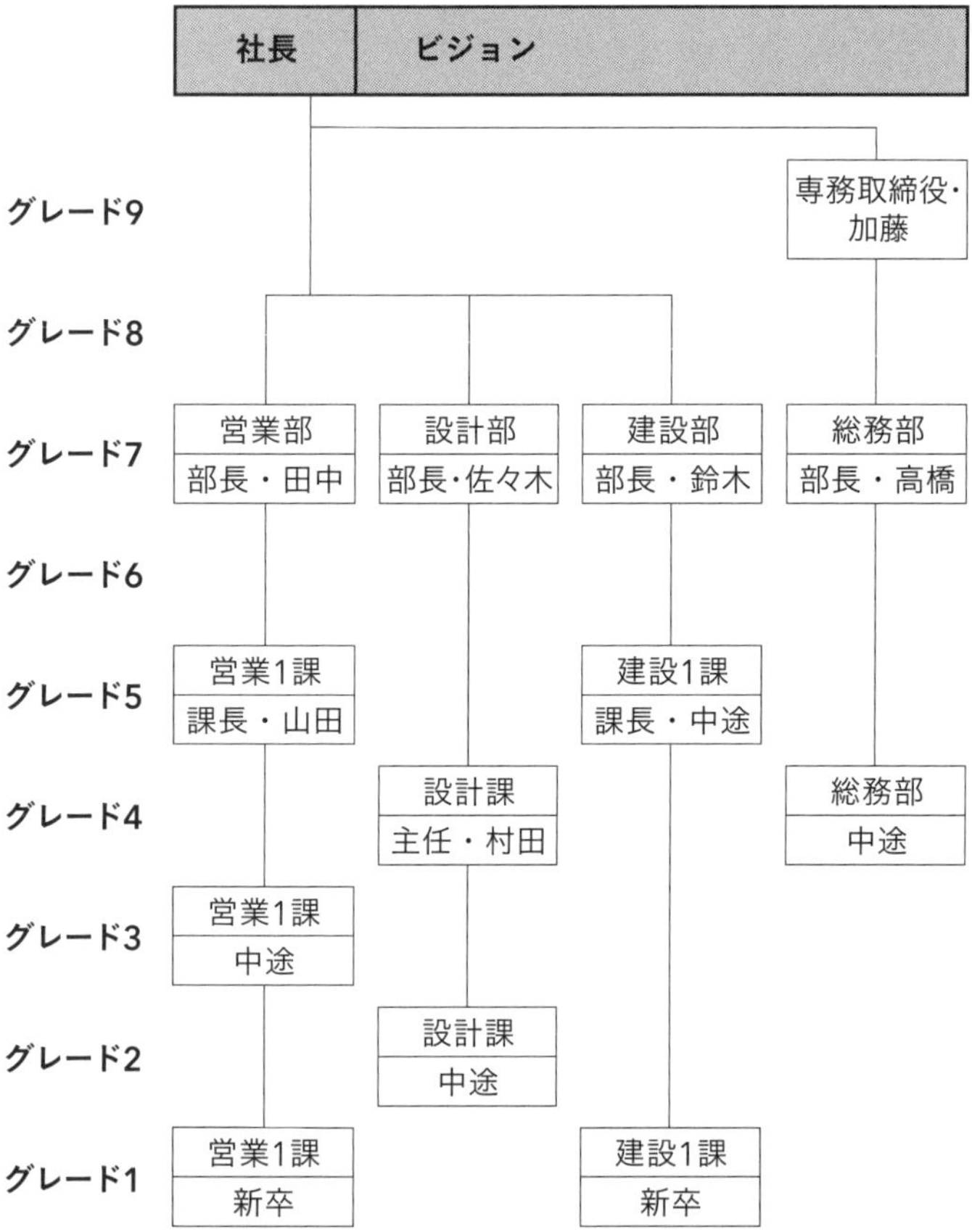

3年後、5年後のビジョンを実現するための組織図を描く。今は該当者がいないところでも、既存社員の昇格や異動、中途や新卒での採用者で埋めていく。

【②現状分析】全社員を巻き込んでつくる

現在地を社員自身が認識する

次に、②の現状分析です。ポイントは全社員を巻き込むことです。

「やらされ感」は仕組みを錆びつかせます。社員は歯車ではなく感情を持った人間です。どんな仕組みも「自分ごと」にしてもらえなければ、前向きに取り組むエネルギーは生まれません。そのための巻き込みのタイミングの一つが現状分析です。

現状分析とは、理想の組織図に対して社員が今どのような業務を行っているのか、どういう役割を担っているのか、どういう権限を持っているのかを正確に知ることです。

「それなら全部わかってますよ」と答える社長もいるかもしれません。しかし、社長が社員に直接依頼している仕事はわかっていても、仕事の進め方や困っていること、他の仕事のことなど細かいところまでは、把握できていないと思います。

社長と同じような仕事をしている社員のことならある程度わかるかもしれませんが、異なる職種や業務になると特に難しいのではないでしょうか。20人、30人規模になると、もはや不可能だといってもいいでしょう。

社員の現在地がわからなければ、目標を達成するための道しるべはつくれません。目的地が決まっても、今どこにいるのかわからなければ、どうやってたどり着けばいいのか考えられませんからね。

社員の日々の業務をすべて洗い出すには、社員に166ページのようなフォーマットを渡して書き出してもらうのがいいでしょう。

フォーマットには、たとえば、営業職なら、アポイントをとる、企画書を作成する、お客様と面談する、社長に報告する、契約の事務処理をする、クレーム対応をするなどといった業務内容だけでなく、発生頻度やかかった時間などできるだけ細かく書き出してもらいましょう。

このシートを見るだけでも、アポイント件数が足りないとか、企画書作成に時間がかかり過ぎているとか、クレーム対応が多過ぎるといった課題が見えてくることもあります。

業務の洗い出しを細かくする目的で、社員へのインタビューを実施するのもいいでしょう。その場合は、社長や上司より外部スタッフである社労士のほうが適任かもしれません。第三者のほうが、社員も構えることなく話せるのではないでしょうか。

今いる社員の日常業務を細かく洗い出すのは、社員それぞれに現在地が異なるからです。同じ営業職だとしても、取り扱っている商品や取引業種、お客様などが異なれ

◯月業務分析シート

業務	発生頻度	所要時間	課題
架電営業	1日20件	1件5分	
商談	週10件	1件2時間(移動込み)	
見積もり作成	週3件	1件1時間	
報告書作成	1日1枚	1枚30分	
企画書作成	週5件	1件2時間	
契約書作成	週1件	1件2時間	
クレーム対応	月1件	1件60分	
チラシ作成	月1回	1回1時間	
営業会議	週1回	1回1時間	
勉強会参加	年4回	1回3時間	
請求書発行	月5件	1件30分	
経費精算	月1回	1回1時間	
メール対応	1日20件	1件5分	

ば変わるでしょうし、キャリアによっても異なるでしょう。

職種が異なれば、それこそまったく異なるはずです。

現在地が違うのですから、目標地点に達するためにやるべきことや必要な能力などは、もちろん違ってきます。

社員それぞれに、道しるべは違うということです。

その違いが反映されている成長考課制度でなければ、社員を公平に、しかも適切に評価することはできません。


現状分析に今いる社員全員が参加することは、成長考課制度の導入をスムーズに進める効果もあります。なぜなら、**一緒につくっていくことで、新たに始まる制度での評価に納得感を得られやすくなる**からです。

この作業を社員に前向きに捉えてもらうためにも、経営計画発表会の実施をおすすめしています。「これから会社はここをめざします。**成長考課制度は、そのために必要な人材にみんなが成長するための仕組みです**」と事前に伝えられていたほうが、社員も取り組みやすいからです。

業務の洗い出しは、社員にとっては日常業務以外の仕事になります。目的が明確でなければ、真面目に取り組まない社員が出てくることもあるでしょう。しかし、それが自分の未来の昇給や昇格にかかわってくるとしたら、取り組む姿勢がまったく変わってくるはずです。

現状分析は、社労士に任せる可能性がある社員へのインタビュー以外は、社内での作業になります。

【③考課一覧の作成】
どんな人になってほしいかを言語化

現状分析を終えたら、③の考課一覧の作成です。

考課一覧の作成では、評価の対象とする項目（評価項目）を確定します。要するに、**あなたの頭の中にある「どんな人になってほしいか」を言語化する**ということです。

評価項目は、それぞれの社員の道しるべとなる項目といってもいいでしょう。

評価項目は、基本的に職種ごとに設定しますが、先ほど述べたように同じ職種でも「今できること」に差があります。できることに差があれば、会社から求められる役割も変わってきます。

そこで必要になるのが、社員の成長ステージをわかりやすくする「グレード制」です。**人を格付けするようで嫌だと感じるかもしれませんが、知識や技能の到達度を測る目安は必要です。**仕事以外でも、武道で5級、4級、3級と昇級していって、初段に上がれれば嬉しいものです。黒帯という証明をもらうことで自己肯定感も高まるとともに、有段者としての自覚や責任感もついてきます。

社員の目線に立って、**社員の成長に昇格や昇給という目に見える形で応える基準**をつくってあげてください。

グレードを何段階にするかは会社が人材をどう育てていくかによって変わってきますが、0人材、1人材、2人材という考え方をベースにすると、少なくとも3段階のグレードを設定できます。

■グレード1（0人材）

上司の指示や指導を受けながら業務を遂行できる

■グレード2（1人材）

担当する業務を主体的に遂行できる

■グレード3（2人材）
担当する業務の指導、育成ができる

グレードは、少な過ぎるとステップアップするワクワク感がなくなり、逆に多過ぎると解釈が重なる部分が出てきて境界が不明瞭になるため、小さな会社の場合は6〜9段階くらいが適切でしょう。

サンプルになりますが、右記のグレードをさらに分割すると次のようになります。

■グレード1（0人材①）
上司の指示や指導を受けながら業務を遂行できる

■グレード2（0人材②）
上司の指示で業務を遂行できる

■グレード3（1人材①）
担当する業務を主体的に遂行できる

■グレード4（1人材②）

担当する業務を主体的に遂行できるだけでなく、指導できる

■グレード5（2人材①）

担当する業務の指導、育成ができる

■グレード6（2人材②）

担当する業務の指導、育成ができるだけでなく、戦略を立案できる

経験の浅い社員と部下を管理する社員とでは、求められる役割も能力も違って当然です。その違いを、しっかり見える化しておくのがグレード制です。

何ができるようになればグレードが上がるのか明らかになっていれば、成長したい社員の目標がわかりやすくなります。また、グレードが上がった社員は、これから何をすべきなのか、努力する方向が見えやすくなります。その**すべてが会社の成長とビジョンの達成に通じている**のです。

あなたの頭の中には、すでに「どんな人になってほしいか」があるはずです。それ

を社員全員に見える化することにグレード制の価値があります。**あなたにしかわからなかった評価基準が社員にも共有されることで、評価のギャップがなくなります。**それは納得感につながるものです。

私は、クライアントの会社の成長考課制度をつくっていく過程で、社長の社員の能力を見極める力に何度も驚かされました。私は、このことを「精密などんぶり勘定」と表現していますが、社長の決めた給与とグレード制によるステージの8割は一致していたからです。

それでも、どうしても情が入ってしまうのが社長の評価です。

10人くらいであれば、小さな不平不満を社長の人間力で抑えられることもあるでしょう。それだけ魅力的な人が多いのが、小さな会社の社長でもあります。しかし、「社長が言うなら仕方がないか」も10人くらいまでです。10人を超えると、さすがに社員のモチベーションに影響を与えるようになります。

理想の人材像を因数分解する

成長考課項目は、大きく分けて3種類に分類されます。「業績考課」「行動考課」「情意考課」です。こういうと難しく感じるかもしれませんが、**誰に何ができてほしいかを細かく表現していく**だけです。

たとえば、**あなたが理想とする営業職とは、具体的に何ができる人でしょうか？**

それがわかると、社員の成長への視界はグッとクリアになります。

【業績考課】

仕事の成果を考課する項目です。

営業や生産部門など成果が数値として現れる職種は、客観的な考課をしやすい項目といえます。一方、バックオフィス系の業務職などは数値化が難しいため、成果物の部署や会社への影響などを考課対象とするといいでしょう。

項目としては業績目標達成度、課題達成度、日常業務成果などになります。具体的な職種ごとの項目例をあげると次のようになります。


営業職…売上高、契約件数、訪問回数、集客数、クレーム発生件数……。

技術職…プロジェクト進捗度、業務品質、事故率、コスト管理……。

製造職…生産数、原価率、不良率、コスト削減度……。

業務職…組織目標達成率、チーム目標達成率、成果物……。


【行動考課】

業務を行ううえで必要な行動知識などを考課する項目です。

業績考課と違って数値化しづらい項目になりますが、職種にかかわらず求められる項目は、次のようなものになるでしょうか。

企画力…新たな企画・提案ができたか

実行力…目標達成に必要なアポ件数などをちゃんとやれたか
改善力…業務の改善提案を行って効率化できたか
正確性…ミスを少なくするための改善提案ができたか
スケジュール管理…目標を達成するためのスケジュールを立てられたか
情報処理力…業務に関する情報の蓄積をして社内に共有できたか
語学力…業務に必要な外国語を習得するために週●時間以上学習できたか
専門知識…業務に必要な専門知識を習得するために週●時間以上学習できたか
資格取得…業務に必要な資格を取得できたか
コスト削減…ムダなコストの削減の提案を●件以上行ったか

行動考課には、職種ごとに異なる項目も考えられます。

たとえば、営業職なら交渉力（商談において、自社に有利な条件を引き出すためのトークスクリプトの作成やロープレ）、クレーム対応力（クレームを適切に処理するためのトークスクリプトの作成やロープレ）、技術職や製造職なら安全管理（事故やケガの発生を防ぐためのマニュアル作成）などの項目が入ってくるかもしれません。

専門性の高い仕事の場合は、さらに違った項目が出てくるかもしれませんが、洗い出した業務を参考にしながら検討してください。

【情意考課】

自社の理念やクレドの理解や実践、**仕事に対する意欲や姿勢などを考課する**項目で、基本的には職種にかかわらず全社員に共通する項目になります。ある会社では「○○力」と会社名を項目に入れて理念やクレドの実戦を考課しています。他にはたとえば、以下のような項目です。

規律性…ルールに沿って行動できているか
協調性…他の社員と良好な関係性を築けているか
積極性…指示されたこと以外にも取り組んでいるか
責任感…最後までやり遂げているか

勤務態度…時間を守れているか

職種ごとの項目が出そろったら、次にグレードに対応する項目を検討しましょう。
といっても、すべてのグレードに職種以外の項目が追加されるわけではありません。先ほどのグレード例を参考にすると、グレード3までは自分に与えられた業務を完璧にこなせるようになるのが目標ですから、基本的には職種ごとの項目で十分に対応できるでしょう。

追加項目が必要になるのは、チームのメンバーや部下を指導したり、管理したりする役割を求められるグレード4以降の人材になります。たとえば、以下のような項目が考えられます。

リーダーシップ…チームの目標を達成したか
指導力…部下の行動考課の点数を●点以上に導いたか
育成力…部下の業績考課の点数を●点以上に導いたか

調整力…他のチームや他の部門の売上に貢献できたか
問題解決力…チーム内、部門内に起きた問題を解決できたか

考課項目をリストアップする段階では、まず必要と考えられる項目はすべて出してみることです。

ただし、完璧なものをつくろうとして時間をかけ過ぎないようにしてください。**成長考課制度は、トライ&エラーでつくっていくものです。**運用後に修正するのを前提に作業を進めましょう。

考課一覧の最終段階は考課基準の言語化

各職種、各グレードに対応した考課項目が出そろったら、それぞれの項目に誰が見てもわかりやすい考課基準をつくります。考課一覧作成の最終段階です。

考課基準がわかりにくいと、社員は何を目標にしたらいいかわからないからです。

業績考課の項目である営業職の売上高、製造職の生産量や原価率などは数値化できるため、基準がつくりやすい項目です。

年間売上高1200万円、月間売上高100万円、生産量月産1万個、原価率30％など、**基準が数字に落とし込まれていると、主観が入る余地はありません。**

中長期経営計画に盛り込まれた数値をベースにして、数値化できる項目はできるだけ数字に落とし込んでおきましょう。

基準づくりで時間がかかるのは、数字に落とし込むのが難しい行動考課や情意考課の項目です。

もちろん、行動考課の中には、語学力や資格取得など基準を明確にしやすい項目もあります。

たとえば、業務上、英語のスキルが必要なら、英検○級、TOEIC○○○点という基準をつくれます。また、業務上必要な資格があるなら、具体的な資格名を基準に設定することができます。

しかし、行動考課と情意考課の多くは、数字にしにくい項目です。そういう項目の場合は、**どういうことをするのかという具体的な行動に落とし込んでおく必要があります**。

抽象的な項目のままでは、何に取り組んで成長できたら評価してもらえるのか、どんな努力をすれば会社に認めてもらえるのかがわかりません。モチベーションを上げたくても、上げられないということです。

考課基準を数値や行動などに落とし込んで言語化することは、会社が社員に求めることをわかりやすく伝えることでもあります。それがそのまま社員の成長目標になります。

行動に落とし込むとはこういうことです。

たとえば、「情報処理力」という項目があるとします。

この項目を「資料を期限までに正確に準備し提出する」と行動に落とし込むと、対象の業務を連想できるため、評価する側は何を基準にするのかわかりやすくなります。

ミスがなく、わかりやすい資料を準備できていれば高い点数になるでしょうし、出し戻しがあった社員の点数は低くなります。

「情報処理力を高めてください」と言われても、何をすればいいのか？」と言っていた社員も、「資料づくりのことか」と**具体的な行動目標を設定しやすくなります。**

考課基準づくりは、さらにもう一歩、グレードごとに言語化する必要があります。

営業職の売上高目標に、月間３００万円の人もいれば、２００万円、１００万円の人もいるように、**すべての項目において社員のグレードごとに求められることは異なります。**

それぞれの社員のグレードに合わせて言語化することで、さらに具体的な成長目標になります。たとえば、先ほどの「情報処理力」をグレード別に言語化すると次のようになります。

グレード１…月に４個以上の情報源から情報を仕入れ上長に報告する

グレード2…集めた情報をわかりやすくまとめ月に2個以上チーム内に発表する
グレード3…グレード1の社員からの報告を月に4個以上チーム内に共有する
グレード4…グレード2の社員のチームへの発表の事前準備を月に4回以上行う
グレード5…グレード4以下の社員の情報をベースに新商品や新サービスの会議を月に2回以上行う
グレード6…チーム内から出た情報を基に月に1個以上の新商品やサービスを会社に提案する

この分類はあくまでもサンプルですが、グレードごとに設定すると、情報処理力を高めていくステップを示すこともできます。能力の高い人材なら、今のグレード以上の目標を自分で設定し、さらに上をめざすこともあるのではないでしょうか。

行動に落とし込むときによく用いられるのが、コンピテンシー評価です。

コンピテンシーとは、社内で成果を上げている人の行動を参考にして評価項目の基準をつくることです。会社のビジョンに即した行動モデルになるため、会社が求める人材像を伝えやすいというメリットがあります。

小さな会社の場合なら、モデルとして最適なのは社長でしょう。

ビジョンを実現するために成果を出し続けている社長の行動特性を分析すると、そのまま評価基準として使える部分はたくさんあるはずです。

特に、会社の売上をつくる役割を担っている営業職は、社長の行動がモデルになることが多いのではないでしょうか。同じ商品でも、「社長なら売れる」ことはよくあります。社長の行動をそのまま再現できるようになると、売上を伸ばせるということです。

パッケージの評価システムが使えない理由

考課基準の言語化は少し時間のかかる作業になりますが、成長考課制度の中に、それぞれの会社の思いや考え方が顕著に現れる部分でもあります。

そもそも人を育てる仕組みである成長考課制度は、**会社のビジョンを実現するために社員の成長を促すのが目的**です。社員がビジョンとは異なる方向へ成長しても、会社の成長につながることはありません。

単純な話、会社の成果につながらない能力をどれだけ身につけても、個人としては成長できても、それでは会社に貢献していることにはならないのです。

もし、**社員に「こんなにがんばっているのに」という思いがあるとしたら、それは、会社側が社員に対して、成長考課制度を通じてビジョンを実現する人材像を明確に示せていない**ということでもあります。

たとえば、会社の理念に「助け合いながら成長する」というキーワードがあったとします。

この理念を全社員に浸透させるには、全職種の業績考課に個人の成果だけでなくチームとしての成果を設定してもいいでしょうし、行動考課や情意考課に「協調性」という項目だけでなく、「気配り」や「思いやり」などの仲間との関係性を築く能力を設定してもいいでしょう。

そうした**チームとしての成果や成長が考課項目に盛り込まれていれば、社員も日々の行動の中で意識するようになります。**自分ひとりががんばっても満点を得られないのですから当然です。

こうした、**会社の理念やビジョンが反映されているのが、本来あるべき人事評価制度です。**

しかし、忙しいとか、面倒だとかを理由に、パッケージ化された評価システムを導入したり、コンサルタントや社労士に丸投げしてつくってもらったりするから、「使えない」「使わない」ということになってしまうのです。

どこの会社にも対応できるとされる評価システムは、多くの会社に利用してもらうために、どうしても画一的な評価項目や評価基準になります。

丸投げでつくる評価制度は、同じような業種や規模の会社と似た評価制度になる傾向があります。コンサルタントや社労士が成功事例を活用するのは、まっとうな提案といっていいでしょう。

どの評価制度も悪いものではありませんが、残念ながら、そこで評価される人材は、自分の会社が求める人材像とは少しずれがあります。もしかすると、大きくずれることもあるかもしれません。

会社のあり方や仕事の進め方に社長の思いや考え方などの独自色が色濃く出てくるのが、小さな会社です。求める人材像も同じです。だからこそ、時間と手間をかけても、人事評価制度はオーダーメイドでつくるべきなのです。そして、会社のビジョンを実現するための人材を育てていくべきなのです。

【④賃金テーブルの作成】

基準のない賃金は不公平感につながる

今の賃金は適正なのか

考課一覧を作成できたら、次は④の賃金テーブルの作成と紐づけです。

何ができるようになったら給与が上がるのか、どういう成果を上げたらボーナスが増えるのかなどといった賃金に関するルールは、就業規則の作成を義務付けられていない社員数10名以下の会社の場合、ほぼないといっていいでしょう。

私のクライアントの社長に給与の決め方を聞いても、「同業他社の金額や今いる社員とのバランスを考えて、なんとなくですね」という方がかなりいらっしゃいます。

要するに、**賃金のルールが決まっていない**ということです。

もちろん、助成金などの申請のために社労士がつくってくれた就業規則や賃金規程には、賃金の構成や賃金の支払日、支払い方法などが記載されています。賃金の構成とは、賃金が基本給と各種手当、残業や休日出勤手当などで構成されていることを示すものです。

しかし、肝心の賃金をいくらにするのかというルールは、ここにも明記されていません。

昇給やボーナスも社長の感覚で決まるのが、小さな会社です。

「長年がんばってくれているから、来年から月給を30万円にするか」

「家族が増えたからこれくらいあるといいかな」

「今年は業績がよかったし、全員に〇万円ボーナスを出そう」……。

昇給額もボーナス額にも、基準があるわけではありません。基準がなければ、公平な給与を維持するのは難しくなります。

なぜなら、社長が社員のことを考えてあげればあげるほど、特例で昇給したり、ボーナスを支給したりすることが多くなるからです。

課長に昇格したら給与が上がる、期末の評価が高ければボーナスが多くなるなど、賃金を決める基準があると、社員は自分の将来像をイメージしやすくなります。「あの先輩のようになると、これだけもらえる」とわかるからです。

ある会社では、評価制度が無く未来を伝えられていなかったため、社長の右腕といわれるまでに成長した社員に独立されたことがありました。

独立した社員は、右腕といわれるくらいですから、社長と同じくらい仕事ができ、相応の賃金をもらっていました。

彼が独立を決めたのは、会社の中での自分の未来が見えなかったからです。どういう会社になろうとしているのか、その中で自分はどんな役割を求められ、どういう待遇を得られるのか。この会社での自分の将来像を描けなければ、実力があるのですから独立という道を選んでも仕方がありません。とても残念な話です。

賃金テーブルを作成するために、まず、**今いる社員の賃金をプロット図にし、現状を確認しましょう。**

縦軸が年収、横軸がグレード。考課一覧作成時に設定したグレードと照らし合わせて社員のグレードを仮設定し、該当する年収の位置にプロットします。

社員に求められている役割と賃金が適正ならば、プロットした点はきれいな右肩上がりに並びます。もし、グレードが低いのに年収が高い人やグレードが高いのに年収が低い人がいるプロット図になったとしたら、社員に求めている役割と賃金が合っていないということです。社員の間に不平不満が募っている可能性があります。

社歴が長い人がいる会社だと、理想的なプロット図にならないケースはよくあります。**長く働いてもらっているという理由だけで、賃金が高くなっていることがある**からです。また、新しく入った人が同じグレードの社員より賃金が高いこともあります。

賃金のプロット図

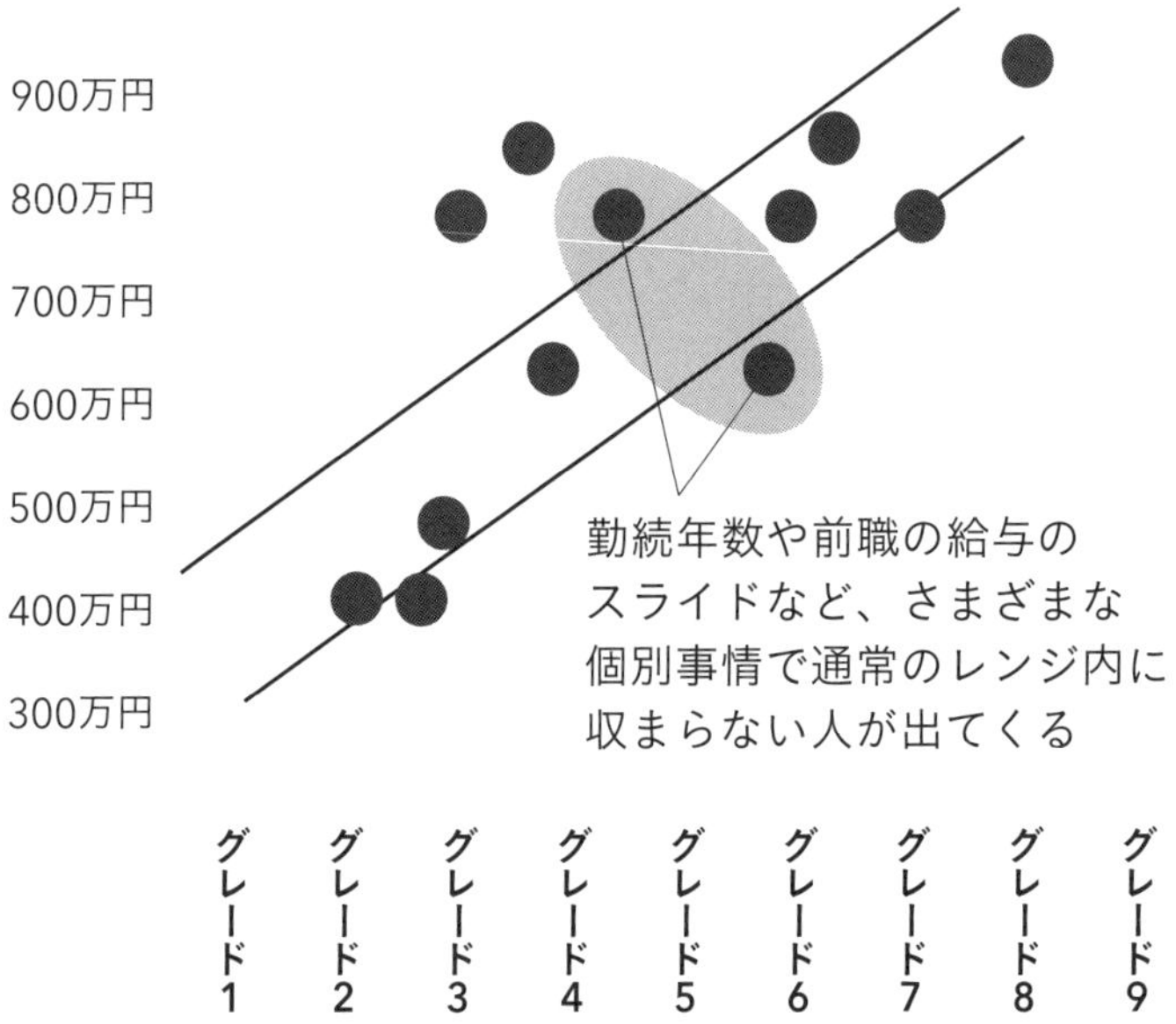
900万円
800万円
700万円
600万円
500万円
400万円
300万円
勤続年数や前職の給与の
スライドなど、さまざまな
個別事情で通常のレンジ内に
収まらない人が出てくる
グレード1
グレード2
グレード3
グレード4
グレード5
グレード6
グレード7
グレード8
グレード9

貴重な人材を取り逃がさないために、相手の希望を受け入れることがあるからです。

いずれも、賃金の基準がないことから起きる現象です。

賃金を客観的に見ると、そのバランスの悪さに気づくことがあると思います。

賃金テーブルをつくる

賃金テーブルは、考課一覧作成時に設定したグレードに対応する月額基本給の設定から始めます。

グレードが6段階だとすると、まず**最上位グレードと最下位グレードの基本給の目安を決めます。**最上位まで成長したらこれくらい、最下位でもこれくらいの給与を出してあげたいという数字です。

最初の設定は、今いる社員の賃金をベースにざっくりとした金額でかまいません。

仮に最上位なら50万円、最下位なら20万円としましょう。

最上位と最下位を決めたら、各グレードの目安も決めます。たとえば、グレード1は20万円、グレード2は25万円、グレード3は30万円、グレード4は35万円、グレード5は40万円、グレード6は50万円。

次に、目安の金額を基に各グレードの下限と上限を決めます。たとえば、グレード1は18～22万円、グレード2は23～26万円、グレード3は27～32万円、グレード4は33～38万円、グレード5は39～46万円、グレード6は47～55万円といった感じです。

同じグレードで幅を持たせるのは、成長考課制度での考課結果を給与に反映するためです。

同じグレードでも、次のグレードに近いレベルに成長した人もいれば、まだまだの人もいます。その違いを目に見える形で示すことで、社員のモチベーションアップにつながります。

そのため、賃金テーブルをつくる際は、基本給の内訳も設定しておく必要があります。**年齢や勤続年数によって決まる「基本給」と、グレードや役職によって決まる「役職給」など**です。

8：2でもいいですし、6：4でもいいでしょう。この比率は、会社の考え方で変わってくるところです。ただし、**役職給の割合がほとんどないと「グレードが下がったときに下げにくい」という事態が起こるので注意してください。**

グレードに対応した賃金テーブルが完成したら、今いる社員にあてはめてシミュレーションしてみましょう。すべての社員が新たにつくる賃金テーブルにおさまるといいのですが、グレードの上限を超えてしまうことがあります。社員によって特例が多い小さな会社の場合は、よくあることです。

そういうときは、上限金額を調整して賃金テーブルを再設定しましょう。上限を大きく超えていてグレードの上限金額を調整しても対応できないときは、調整給として2年くらいを目途にグレードに合った貢献をしてもらいましょう。

成長考課制度は、不公平感のタネである特例をなくすことでもあります。賃金テー

賃金テーブルサンプル

	考課（5段階）				
	E	D	C	B	A
グレード6	470,000	485,000	500,000	525,000	550,000
グレード5	390,000	395,000	400,000	430,000	460,000
グレード4	330,000	340,000	350,000	360,000	370,000
グレード3	270,000	285,000	300,000	310,000	320,000
グレード2	230,000	240,000	250,000	255,000	260,000
グレード1	180,000	190,000	200,000	210,000	220,000

（円）

ブルは、誰が見てもわかりやすく、公平なものにしましょう。

成長考課制度づくりに頼りになる社労士

好き勝手に賃金は決められない

賃金についての話が出たところで、労務について話をしておきたいと思います。

ここまで考えてきたグレードが高い社員は、一般社員をマネジメントする側、つまり管理職を想定していると思います。

では管理職には残業代を払わなくてもよいのでしょうか。

課長や店長といった肩書きのついた管理職は、一般の社員と役割が違うので残業代は発生しないと思われることがあります。しかし、そうではありません。

そもそも**管理職と、労働基準法で定められた「管理監督者」は必ずしもイコールではありません。**いくら会社で管理職と呼んでいても、労基法の要件を満たしていなければ一般社員と同様の扱いになります。ならば当然、時間外労働には割増賃金を払わなければなりません。

たしかに管理監督者と認められた人には、残業代も休日手当も発生しません。ただし、22時以降の深夜労働については割増賃金が発生します。

ちなみに管理監督者の要件は、一般的には次のように考えられます（ここでは詳細は省きます）。

■経営者と同等の重要な職務を担っている
■経営者と同等の重要な責任と権限を有している
■就業規則上の労働時間の規定になじまない仕事をしている
■役割にふさわしい待遇がなされている

「名ばかり管理職」という言葉がありますが、**いくら会社で「君は部長、あなたは課長」と肩書きを与えても、職務や働き方や待遇の実態が伴わなければ法律上は一般社員と変わりがない**のです。

昔は「残業代で稼いでいたのに、管理職になったら手取りが減った」なんていう話を耳にすることもありました。役職手当が一般社員の残業代を下回っているわけで、これでは先ほどの要件にあった「役割にふさわしい待遇がなされている」とはいえません。つまり、**この管理職には本当は会社が残業代を払わなければいけないかもしれないのです。**

と、難しい話はここまでにしておきましょう。

この程度のことは常識だという人もいるかもしれませんが、私が言いたいのは、**社員に「やってもらいたいこと」と働き方と賃金は、法律を無視しては決められない**ということです。

社員が不満なく、疑問なく働ける環境をつくる

こういう話になると「やはり仕組み化は難しい、そこまでやりきれない」と思うかもしれません。でも安心してください。成長考課制度づくりにおいて頼りになるのが、人材に関する専門家である社会保険労務士（社労士）です。

税理士と同じように、すでに社労士と契約されている会社は多いと思います。成長考課制度づくりは、追加の依頼になりますが、手伝ってもらえると心強い存在になります。

もちろん、社長を中心に社内でつくるという考え方もありますが、成長考課制度づくりに1年、定着までに2年くらいかかります。さらに運用後も、定期的な見直しが必要になります。

今の仕事を続けながら、その作業をやるだけの余力が社内にありますか？

小さな会社の仕組み化がうまくいかない理由のひとつは、「仕組みをつくろう」と取り組み始めたのはいいのですが、目の前の仕事に追われて、なかなか前に進まないことです。

未来のための仕組みより、目の前の売上が大事なのはわかります。しかし、それで会社が回っていると、成長考課制度の重要度はどんどん下がります。そして、仕組みづくりをあきらめる。

これでは、いつまでもレバレッジ経営に転換できなくなります。

社労士が頼りになるのは、物理的な面だけではなく、**成長考課制度づくりに労務の**

知識が欠かせないからです。

労務？　そう思われた方もいるかもしれませんね。

人事・労務部門で働いた経験があったり、社労士の資格を持っていたり、社労士事務所でもない限り、**労務に関する詳しい知識を持ち合わせている社長は少ない**と思います。少なくとも私は、こちらが驚くほどの知識を持っていたという社長にお会いしたことはありません。

みなさんに質問ですが、あなたは自分の会社の就業規則を見たことがありますか？

「あるはずだけど、よく見たことはないなあ」

そう答える社長が多いと思います。

就業規則とは、雇用に関するルールを定めたもので、従業員が10人以上の会社は作成と届け出が義務付けられています。10人以下でも、国や自治体の助成金申請のために必要なので、だいたいの会社はあるはずです。

しかし、その存在はわかっていても、細かく見ている社長は多くないでしょう。というのは、就業規則の作成を社労士に丸投げしているパターンが多いからです。

就業規則には、労働時間のこと、残業のこと、昼休みのこと、休日や休暇のこと、賃金のこと、交通費のこと、退職に関することなど、こと細かく記載されています。要するに、その会社で働くときのルールです。

このすべてを法律に基づいて精査しているのが、社労士です。

そのために把握している法律は、労働基準法、労働安全衛生法、労災保険法、雇用保険法、健康保険法、国民年金法、厚生年金保険法、高齢者等雇用安定法、男女雇用機会均等法、育児・介護休業法、パート労働法、労働契約法など、主なものをあげるだけでもこれだけあります。

しかも、**労働関係や社会保険の法律は頻繁に改正されることが多く、それに対応して就業規則も変更しておく必要があります。**そうしなければ、労使間のトラブルになるからです。

みなさんは、最低賃金がいくらかわかっていますか？

会議のための待機時間は労働時間に含まれると知っていますか？

1日の労働時間が6時間を超えると少なくとも45分、8時間を超えると少なくとも60分の休憩時間を設けなければいけないことを知っていましたか？

客観的かつ合理的な理由を欠き、社会通念上相応と認められない場合は、労働者を解雇できないと知っていましたか？

小さな会社の社長は、社員に訴えられることなど考えてもいないと思います。しかし、どこの会社でも起こり得ることです。退職するために弁護士に依頼する時代ですから、突然トラブルに巻き込まれることがあっても不思議ではありません。

社員を守るのが労働法なのに対して、就業規則は経営者である自分を守る盾でもあるのです。


そんな大事なことをお願いしている社労士に、通常依頼している仕事というと、一般的に勤怠管理や給与計算、保険の手続き、補助金や助成金の申請などだと思います。そのため、社労士のことを煩雑な事務を代行してくれる人だと思っている社長も多いようです。

しかし、**社労士は、労働法に関する専門知識を持ち、社員が安心して働ける環境をつくるスペシャリストでもあります。**

その知識やノウハウを活用しないのは、もったいないと思いませんか？

もちろん、通常の事務代行以外のサポートをお願いすることになるため、追加のコストはかかります。それでも、人が育つ環境をつくれるなら、会社のビジョンを実現するための投資と考えていいのではないでしょうか。

少なくとも、**成長考課制度づくりのために労務担当の社員を新たに採用するなら、社労士に依頼したほうがコストパフォーマンスははるかに高いはず**です。また、社長が勉強しながら成長考課制度をつくるより、圧倒的に効率よく、しかも法律を逸脱しない制度をつくることができます。

ただし、社労士に丸投げで「うちの人事評価制度をつくってください」では、経営コンサルタントや人事コンサルタントに依頼したり、パッケージ化された評価システムを導入したりするのと同じです。

もっともらしい仕組みはできたとしても、使えない、使わないことが続いて、導入期間に費やした時間やお金がムダになります。

中長期経営計画の作成がそうだったように、成長考課制度づくりも、社長が主軸となり、社労士のアドバイスや作業のサポートを受けながら一緒につくっていくようにしましょう。

社長の思いや考え方が制度に反映されることで、自分の会社に合った仕組みをつくることができます。

【⑤考課ルールの作成】運用する前に決めておくこと

最低限必要な3つのルール

グレード制、考課一覧、賃金テーブルが完成したら、⑤考課ルールの作成です。考課ルールとは、評価をどのように行い、その結果をグレード制や賃金テーブルにどのように反映していくのかという基準づくりです。

成長考課制度の考課結果が、昇格や昇給などの処遇にリンクしないのでは意味がありません。社員としても、見える形のリターンがなければモチベーションが上がらなくなります。

ルールとして決めるのは、以下の3つです。

①考課責任者＝誰がその社員の考課責任者なのか
②評価期間＝対象期間はどうするのか
③評価方法＝何段階で考課するのか

【①考課責任者】

社員が数人の会社なら社長になるでしょうし、10人以上になれば上長が担当することになるでしょう。

一般的な評価方法に「360度評価」という方法があります。社長や上司だけでなく同僚や部下など、業務上かかわりのある多方面の社員が対象者の評価を行う方法です。公平な評価を下すための方法として導入されている会社もありますが、私の会社で実践したときはうまくいきませんでした。

自分に厳しい人は相手にも厳しく、自分にゆるい人は相手にもゆるいなど、評価する人によって評価にバラツキがあったからです。また、評価する側の人数が増えるほど、明確な基準をつくれないと、評価に主観が入る可能性があるからです。

私としては、**少なくとも成長考課制度を導入したばかりの段階では、３６０度評価はおすすめできません。**

【②評価期間】

一般的には1年もしくは半年です。中には3カ月という会社もありますが、社員に成長する期間を与えるという意味でも、1年もしくは半年が適切ではないでしょうか。

【③評価方法】

一つの項目を何段階で考課するかを決めます。「A、B、C、D、E」や「1、2、3、4、5」などの**5段階で考課するのが一般的**です。

考課段階を決めたら、考課点が何点をクリアしたら昇格するのか、何点なら基本給はどうなるのか、ボーナスはどうなるのかなど、グレード制や賃金テーブルに反映するルールを決めましょう。

どれくらいの考課点を得たら、どれだけのリターンがあるのか明確になっているほうが、社員のモチベーションが上がります。

【⑥運用開始】面談は１カ月に１回

評価の間が開くほど評価はブレる

一般的に評価制度は、つくる以上に難しいのが運用です。そのポイントになるのが面談です。

評価結果をフィードバックする面談は、６カ月に１回、１年に１回と評価期間に合わせて行うのが一般的です。中間報告の意味合いで３カ月に１回行っている会社もあります。

成長考課制度では、１カ月に１回の面談をおすすめしています。

フィードバックのための面談というより、部下の成長を促す1on1（ワンオンワン）ミーティングといったほうがいいかもしれません。

1カ月という短いスパンで面談を行うのは、**考課期間が長くなると正しく考課できない可能性があるからです。**

みなさんは、**「期末効果」**という言葉をご存じですか？

これは、評価期間が長くなればなるほど、評価が直近の記憶を受けやすくなるという現象です。

人間の記憶は時間とともに薄れるもので、6カ月前や1年前のことをはっきりと覚えている人はほとんどいません。つまり、1年前にどれだけ素晴らしい成果を上げたとしても、**評価する人の印象に強く残っているのは、1カ月前や1週間前の行動や成果だということ**です。

これでは、社員を正しく評価してあげられないし、社員も納得できません。

この期末効果を回避するのが、1カ月に1回の面談です。

1回30分で十分

フィードバックの面談は1時間くらいとるケースが多いようですが、**1カ月に1回なら30分くらいで十分です。**内容も、フィードバックの場合は社長や上司が一方的に考課結果を伝えるものになりがちですが、月1面談は、どちらかというと社員の声に耳を傾けるものになります。

成長目標の進捗状況はどうなのか、うまくいったこと、いかなかったこと、来月の目標を達成するための行動計画、成長の妨げになっていることはないか、不安になっていることはないか。**相手の話に耳を傾けることで、社長や上長は社員の成長のために自分にできることに気づける**ときもあります。

短期間の面談をくり返していれば、1年に1回の評価だったとしても、期初の成果目標を忘れることはなくなります。

一般的な人事評価のフィードバックの面談には、**評価される側に「裁かれるのではは？」という恐怖心がある**ものです。

社長や上司との面談に慣れてない若手社員や、目に見える成果を出していない社員はなおさらでしょう。話しやすい状況をつくらないと、社員から本音が出てくることはありません。

そのためにも、短いスパンでの面談なのです。

1対1で社長や上司と話す機会に慣れてくれれば、社員も話しやすくなります。格上の人を相手に物おじせずに話せる人は稀です。特に、相手が社長となると、それだけで気後れすることを覚えておいてください。

成長考課制度は見直しを前提に運用する

成長考課制度を根付かせるには、まず運用してみることです。運用してみないとわからないことがたくさんあるからです。

考課基準はわかりやすくなっているのか、考課項目は主観が入りやすい項目になっていないか、社員が納得できるように昇格や昇給、ボーナスに反映されているかなど、運用してから検証することは山ほどあります。

もちろん、**制度完成後にシミュレーションしてから運用を始めますが、使ってみないと気づかないことはたくさんあります。**

ある建売住宅の会社では、成長考課制度を社員が中心になってつくりました。30人くらいの会社で、評価制度がなければいけない規模だったのですが、賃金でもめることがなかったため制度導入が遅れていたのです。

当時を振り返って、社長は「私のところには届いてきませんでしたが、社員同士での不満はあったのかもしれません。古い社員は働いていないのになあ、と思っていた社員はいるかもしれませんね」。

8カ月という短期間でつくった成長考課制度の考課基準は、業務内容の羅列で形式的なものばかりでした。言語化されていない抽象的な項目ばかりだったということです。案の定、うまく機能しません。

これではダメだということで、社長が中心になって、あらためて考課項目と基準を見直しました。**基準を言語化したときにはじめて、私が社長に話していた「この評価制度は成長を考課するための制度」だということが腑に落ちた**といいます。

一度も評価制度を使ったことがない会社だと、成長考課制度が完成しても、これで本当にいいのか確信できないと思います。だからこそ、完成したら運用してみるのです。その会社の成長考課制度は、見直しを始めてから、約1年後に完成することになります。社長は「どこよりも高度なものができた」と、その完成度に満足していました。

最初から完璧をめざすのは間違い

トライ&エラーで完成度を高めていく。

成長考課制度を導入するときは、この心がまえが大切です。**最初から完璧なものが**

つくれるわけではなく、少しずつバージョンアップしていくのが成長考課制度です。

そもそも、会社の姿は日々変わっていくものです。

短期間で大きな変化はないかもしれませんが、3年、5年と経過すると事業領域や業務プロセスに変化が起きるかもしれませんし、社員数が増えると仕事の進め方や取り組み方が変わるかもしれません。

会社に変化があれば、社員に求められる能力や役割も変わる可能性があります。新たな考課項目が必要になることもあるでしょうし、考課基準をあらためる必要が出てくることもあるでしょう。

会社の変化に成長考課制度が対応していないと、社員のやるべき業務にずれが生じることになります。

私は、最初から細か過ぎる考課項目や考課基準を設定したり、グレード制や賃金テーブルへの反映方法を複雑にしたりするのではなく、**シンプルなものから始めて、少しずつ運用しやすいものにしていくことをおすすめしています。**

社労士にお手伝いしてもらうとはいえ、細か過ぎたり、複雑過ぎたりすると、評価する側の負担になります。評価される側も、いきなり細かな成長目標を示されても、何から始めればいいのかわからなくなります。

成長考課制度は、定期的な見直しを想定してつくり、まず運用することから始めるようにしましょう。社員数が少ないうちに導入していると、会社が拡大していく過程でもスムーズな見直しが可能になります。

成長考課制度で社員の成長速度がアップする

人を育てられない社長にありがちな思い込み

社員の成長につながる成長考課制度のポイントは、以下の2つです。

1つ目は、**社員それぞれのミッションを明確にする。**

会社から求められていることが明確になると、社員は何を、どのように、どこまでがんばればいいのかわかりやすくなります。

2つ目は、**処遇の基準を明確にする。**

どういう仕事ができるようになると、どういう役割をこなせるようになると、どんなスキルが身につくと給与やボーナスが上がるのか、また昇格できるのかという客観的な基準があると、社員間の不公平感がなくなります。

この2つを満たすことで、社員の成長スピードは格段にアップします。

成長スピードがアップするのは、入社したばかりの社員でも、経験が浅い社員でも、またキャリア豊富な社員でも、成長考課制度には、それぞれの社員のめざすべきところがはっきり示されているからです。

小さな会社の社長にありがちなのは、社長の思いどおりに成長してくれると思っていることです。自分が1年でここまでできたから、3年でここまでできたから、きっとできるだろうということです。

自分ができたからそう思うのでしょうが、**誰もが社長のように成長できるわけではありません。**むしろ、稀だと思ってください。

育てる側に具体的な育成イメージがなければ、**期待しているだけでは人は育たないのです。**

ひと昔前は、細かな目標を設定して成長を促さなくても、目の前の仕事に一生懸命取り組んでいれば成長できていました。がむしゃらさが成果につながることが多く、それが自信になって成長の原動力になっていたからです。

育てる側としては厳しく指導するだけでいいし、育てられる側は指導に素直に従っていれば結果につながる時代でした。もちろん、昔も今も、行き過ぎた指導は逆効果になりますが……。

今は、**厳しく指導するだけでは、社員の成長は期待できません。**社長や上司が育成に丁寧にかかわらないと育たない時代です。そのためにも、成長考課制度を通して社員に求めることを明確にするのは、とても大切なことです。

ビジョン、経営計画と連携しないまま、求めることが不明なまま、成長できそうだからという理由で外部の研修に参加させても、どれだけの効果があるでしょうか。求めることとリンクする研修でなければ、ほとんど効果はないと思います。

成長考課制度でそれぞれの社員のミッションが明確になると、社員との向き合い方も変わります。

まず、面談において成果が出ないことを一方的に責めることはなくなります。「どうして結果が出ないんだ？」と問い詰める必要はないからです。**成果が出なかったのは、その社員に成長できなかった要素があったからで、面談ではそこをどうやって伸ばしていくかを聞く時間になります。**

また、社員の目線に合わせて話を聞けるようになります。考課結果を見れば、どこがうまくいっていないのか、悩んでいるのかがわかるからです。

社長が自分を基準にして判断すれば、ほとんどの社員ができない社員です。社長と同じものを求めてもできるわけがありません。**「どうしてできないんだ？」と頭ごなしに話を始めれば、社員の成長につながる話にはなかなかならない**でしょう。

それよりも、できていないことや悩んでいることに耳を傾けてあげることです。それだけで前向きな会話になるはずです。

成長考課制度が社員に夢を与える

私のクライアントである会社の社長は、業績は順調でしたが、新卒社員が壁にぶち当たって伸び悩んでいるという課題を抱えていました。

原因は、**新卒社員が、何をできるようになればいいのか、何を学べばいいのか、何を身につければいいのか不明確だった**からでした。自分の目標が見えないことで、社長や上司に言われることをただやるだけになり、成長スピードが鈍ってしまっていたのです。

成長考課制度をつくったことで、新入社員たちは、ようやく「自分は何を期待されているのか」「何を実現するべきなのか」が見えてきたといいます。その会社は、5年前から新卒採用を始めていますが、昨年は6名が入社して、離職者は1名も出なかったそうです。

飲食店を経営する社長は、**成長考課制度を導入することで、思いつきで社員を動かすことが少なくなった**といいます。

社長のひらめきが成果に直結するといいのですが、やることが増えるだけでは社員はどんどん疲弊します。判断が間違っているわけではないのですが、このままでは正社員が辞めてアルバイトが増え、うまくいかなくなるのではないかと私は心配していました。

社長が思いつきで社員を動かすのは、長期視点がなかったからです。 そのため、つい目先のことばかりを優先するようになっていたのです。そこで長期経営計画の作成と成長考課制度の導入を提案したのでした。

起ち上げて数年で社員数が10名を超え、組織づくりの必要性を感じて相談してきた会社もありました。

聞けば、どのタイミングで給与を上げて、どのタイミングで昇格させてという明確な基準がありません。小さな会社によくあるパターンです。それでも会社が回っていたので気にすることはなかったそうです。

そこで、ここまで述べてきた手順どおり、中長期経営計画をつくり、経営計画発表会を実施し、成長考課制度の導入をお手伝いしました。社長が言うには、運用を始めてから社員の意識が大きく変わったそうです。

評価に対する社員の満足度も高く、**1カ月に1回行う面談を、上司も部下も楽しみにしている**と話していました。自分のことをあまり話したがらなかった社員が、「数年後には関連会社の社長になりたい」という夢まで語るようになったといいます。

社員の成長を実感できるのは、育てる立場からするともっともうれしい瞬間ではないでしょうか。

採用の失敗も防げる

成長考課制度の運用が始まると、採用時のミスマッチを防ぐこともできます。

小さな会社の採用がうまくいかないのは、どういう人材がほしいのか明確になっていないのも理由のひとつです。いわゆるペルソナがないのです。

どうしてかというと、**人材に求める能力や資質を整理できていない**からです。営業できる人、現場監督ができる人、事務ができる人など、採用したい職種はあっても人物像の具体的なイメージがありません。

採用環境が厳しい小さな会社がピッタリの人材を採用できる確率は高いとはいえませんが、イメージがあれば見当はずれの人材を採ることはなくなるはずです。

また、採用時のギャップを埋めることもできます。

小さな会社に多いのは、縁故採用です。

知人や取引先などからの紹介のため、相手と会うことを決めた時点で採用するのが基本路線。よほどのことがない限り断ることは少なく、面接は、前職の仕事や給与など、処遇を決めるための確認になります。

このときに、簡単に仕事について説明することになりますが、相手の回答は、だいたいは「できます」。自己申告を否定するわけにもいかないので「よろしく」となるのですが、**働き始めてみると、元気がよかった返事とは異なり思っている以上にできないことは多いものです。**

こうした採用時のミスマッチやギャップには、悲劇が待っています。

というのは、社長に具体的な育成イメージがないため、基準が自分になるからです。そうなると、**「自分ができるから、あなたにもできるよね」と、求めることがどんどん高くなる**傾向があります。

そして、できる社長に限って相手ができないことを理解できないため、「なんでできないの？」と、相手に厳しく接するようになります。**社員としてはがんばっているつもりでも、評価されるどころかダメ出しされ、さらに高いものを求められると精神的にきつくなる**のは当然です。

そして、耐えられなくなって会社を辞めることになります。

そもそも、社長と同じレベルの人は、ほとんどいないと思ってください。とりあえず縁がある人を採用することが多くなる小さな会社の場合、その確率はさらに低くなります。

そういう人材をできるだけ早く戦力にするには、やることや役割、身につけるスキルなどが明確にわかるようにすることです。そして、それを成長目標にして、**一つひとつクリアしながら成功体験を重ねる**ことです。

そのやることや役割、身につけるスキルなどを、入社時から提示してあげられるのが、成長考課制度でもあります。

成長考課制度があれば、たとえば相手が「前の会社では年収500万円もらっていました」と言ったときに、「うちでの年収500万円の仕事は、こういう業務で、こういう役割を任せることになります」と伝えることができます。

その人の基準に合わせるのではなく、会社の基準に合わせてもらうのです。それでも「できます」と答える人は多いのですが、少なくとも相手に入社後に求められていることは伝わります。

同じ職種でも、業態が異なれば求められる能力は変わります。

たとえば、既製品の洋服を販売する量販店とオーダーメイドで仕立てた洋服を販売する専門店では、同じ販売員でも求められる能力は異なります。扱っている製品の価格帯、客層が違うため、専門店のほうがより高いコミュニケーション力や交渉力などが必要になります。

建築の現場監督でも、一戸建てと集合住宅とでは求められる能力は異なります。扱う材料も工事規模も違うのですから、専門知識から学ぶことが変わってきます。

入社後の労使間のトラブルでよく出てくる言い分は、「入社前に聞いていた話と違う」。

成長考課制度をつくっていれば、入社前の面談で相手に求めることをしっかり伝えられるため、こうしたトラブルは未然に防ぐこともできるのです。

社員のマネジメントがらくになる

社員の意外な能力を発見できることも

成長考課制度を導入し、1カ月に1回の面談を実施するようになると、社員や部下のマネジメントもらくになります。与えられているミッションが明確になっているうえに、その進捗を定期的に確認できるようになるからです。

考課項目の進捗度合いを見ていくと、成果を出せないことではなく、**成果を出せない理由が何なのかがわかるため、的確なアドバイスやサポートもできます。**

また、社員の得意なところや不得意なところなど特性が明らかになってくるので、その社員がもっとも能力を発揮できる業務を任せることも可能になります。それで、社員が成長し待遇がよくなれば社員にとって幸せなことだし、会社の成長にもつながります。

社員の適性を見極められるようになることも、成長考課制度のメリットのひとつです。客観的な評価を基に社員をグレード分けすると、適した人材に適したポストを与えられるようになります。しかも、社長の独断ではなく、根拠のある抜擢になるため、周りの社員の納得も得られやすくなります。

ポストを与えられた社員のモチベーションが上がるのは当然で、能力にも裏付けがあるため、結果的には会社全体の成長につながる可能性が高くなります。

私のクライアントの会社の社長は、**成長考課制度の評価結果から、若手社員を評価する側のポジションに抜擢することを決めました。**成長考課制度によって、部下を指導できる能力があると判断できたからです。

その社員は会社に期待されていることがわかっているため、部下の面倒をよく見ているといいます。また、その社員を抜擢したことで、その社員が部下との面談を担当し、社長がその社員を面談するという仕組みも確立できたそうです。

これによって、社長が特例を発する機会も減ったということです。

成長考課制度による考課は、主観や先入観が入り込む余地をできる限り排除するため、**人材が持っている能力などを基にした最適な人材配置が可能になる**のです。

私がお手伝いしている成長考課制度は、簡単にできてすぐに効果を発揮するものではありません。**時間と手間をかけてじっくりつくりあげていく、人を育てる仕組み**です。しかし、この土台がなければ、社長の理念やビジョンを実現するための人材を育てていくのは難しいといってもいいでしょう。

ただ、多くの中小企業の相談を受けてきた私が断言できるのは、この土台づくりは、会社が小さい段階だからこそつくりやすく、導入しやすいものだということです。

そして、社長ひとりががんばるのではなく、税理士や社労士といったスペシャリストをうまく活用すれば、今の組織のまま実現できることでもあります。

第6章

社長としての新しいスタート

社長として次のステップへ

あなたの仕事は未来を考えること

レバレッジ経営の土台となるのは、ここまで解説してきた会社のビジョン、中長期経営計画、成長考課制度です。この土台が完成してはじめて、会社を拡大していける準備が整ったことになります。

だいたいの会社は起業してからいきなり躓くことは少なく、年々業績が向上し、組織拡大を狙えるフェーズに入ります。このフェーズが、小さな会社が伸びるのか、下降するかの分岐点。そこから先は、人が育たなければ、組織を拡大していくことはできないからです。

たとえば、飲食店であれ、販売店であれ、営業代理店であれ、多店舗展開を考えるなら人が育たないと実現できません。私が相談を受けるクライアントにも、次の世代が育たないことで多店舗展開を実現できずにいる会社は多くあります。組織として成長するには、「社長が接客するとお客様は満足する」だけではダメなのです。

そのための仕組みが、成長考課制度です。

組織拡大のフェーズに入ると、社長にも、ステップアップが求められます。ステップアップとは、兼任経営者から専任経営者への転換です。社長がなんでもやれるのはわかりますが、いつまでもなんでもやっていてはいけないのです。

本来、社長の仕事とは売上をつくってくることでも、社員を育てることでも、ましてや事務業務を行うことでもありません。そうした仕事は社員が担うことであって、**社長の仕事は、会社の未来を考えることです。**

会社がどこへ向かうと社会に貢献できるのか、社員を幸せにできるのか、資金配分をどうするか、資金繰りをどうするか、今いる社員の能力を最大限に活用するにはどういう配置がいいか、社員のパフォーマンスを発揮できる環境はこのままでいいか、事業領域を拡大するには……。

社長が考えなければいけないことは山積みです。

そのために使うのが、社長の時間なのです。

管理部門はアウトソーシング

社長が本物の経営者になるために欠かせないのが、レバレッジ経営の土台づくりでもあります。

しかし、小さな会社では、土台づくりが重要なことはわかっていても、土台づくりをなかなか前に進められなかったり、取り組んでもとん挫したりするケースがよく見られます。

原因は、土台づくりを社長がひとりでやろうとするからです。

日常業務で手がいっぱいの社員に手伝ってもらえないのはわかります。だからといって、**営業から経理までやっている社長に、土台づくりを進める余裕があるわけがありません。**しかし、そのままでは、いつまでもレバレッジ経営に転換できないことになります。

そこで、外部をうまく活用するという発想です。

具体的には、身近にいるスペシャリストの活用です。第4章や第5章で述べたように、中長期経営計画にはお金の流れを読める専門家である税理士、成長考課制度には働く環境をつくる専門家である社労士が頼りになります。

みなさんは、**これまで、会社の土台づくりを税理士や社労士に相談するという発想はありましたか？**

決算書類を作成してもらったり、就業規則を作成してもらったり、事務処理を代行してもらったりしていたとは思いますが、それ以上の使い方を考えたことはなかったのではないでしょうか。

そう言うと、「うちにも顧問税理士がいるけど経営のアドバイスなんてもらったことがない」という批判が聞こえてきそうですが、解決してくれないのは、みなさんの使い方が間違っているからです。

上手に使えば、これほど社長を助けてくれる存在はありません。**財務と労務のスペシャリストは、軍師として社長を支える存在になり得ます。**言ってみれば、外部取締役のような存在です。しかも、社長がやっている事務業務を代わりにやってもらうこともできます。

実は、税理士や社労士には、日々依頼していること以上の相談ができます。

もちろん別途費用になりますが、たとえば税理士には税務会計業務以外に、中長期経営計画作成サポート、資金調達サポート、起業支援、事業承継対策、節税対策、経営アドバイスなど、財務面からの経営コンサルタント的な相談ができます。

たとえば社労士には労務業務の代行以外に、評価制度の作成や見直し、労使協定、退職金、ハラスメント、テレワーク・リモートワークの労務管理、雇用など、人事・

労務に関することならなんでも相談できます。

これだけのスキルを持っている税理士や社労士が身近にいるのですから、土台づくりのすべてを社長がやらなくてもいいのです。

税理士に相談すれば「経営計画書作成のために、ビジョンに沿った成長予測の大枠を5年後までまとめてもらえますか？」とか、社労士に相談すれば「業務の洗い出しと必須の評価項目のピックアップをお願いできますか？」などと、社長のやるべきことの枠組みをつくってくれます。

社長は、指示されたことだけに取り組めば、土台づくりも前に進むのです。

ただし、**税理士や社労士は、社長のやるべきこととやらなくていいことを切り分けたうえで、最後まで土台づくりに伴走してくれる人でないと困ります。**

残念ながら、伴走してくれない、あるいはできない税理士や社労士がいるのは事実で、顧問報酬分の仕事だけに徹している人はいます。せっかく苦労して資格試験に合格したのなら価値あるコンサルを提供すべきなのですが、中小企業の社長から「うちの顧問事務所は提案がない」という声を聞くと、私はもったいないと思ってしまいます。

そもそも、**小さな会社なら、財務や労務といった管理部門はアウトソーシングでもいいのではないかと思います。**

社員数が10人くらいまでなら管理部門がなくても、会社は回ります。実際、社長がやっている会社も多いでしょう。みなさんもそうではありませんか？　管理部門がないから、社長がひとりで土台づくりをしようとするのかもしれません。

しかし、今までより少し経費はかかっても、管理部門はアウトソーシングをおすすめします。コストセンターに採用費をかけるくらいなら、アウトソーシングのほうがいいでしょう。コストパフォーマンスもそうですし、何より税理士や社労士は、社長が知らない専門知識を持ち合わせているからです。

税理士と社労士をうまく使えば、社長の仕事はらくになります。それどころか、経営者としての時間をつくれます。また、長くおつきあいすれば、社員には言えない悩みを相談できる相手にもなります。

特例だらけだった会社に、グレード制や賃金テーブルといった新たな基準をつくると、その基準に当てはまらない人や制度そのものを受け入れられない人など、会社の未来にそぐわない人が出てくることもあります。

レバレッジ経営へ転換するときは、痛みを伴うこともあるということです。

そういう場合は、さすがにできる社長でも、決断に迷いが生まれると思います。正しいとはわかっていても、それまでの関係性から決断できないこともあるでしょう。そんなときに背中を押してくれる人がいるのは、心のよりどころになるはずです。

仕組み化で生まれる「社長の時間」

社長業に邁進する社長たち

税理士や社労士をうまく使えるようになると、**社長の時間の使い方が変わります。**

ある会社の社長は、税理士と一緒に中長期経営計画をつくる過程で、時間の使い方が大きく変わりました。計画書に盛り込む内容をつくるために、時間をつくる必要があったからです。

要するに、経営者としての時間です。

社長がもっとも使っていた時間は、売上をつくる営業マンとしての仕事でした。その時間を意図的に圧縮したのです。持っていた案件を、他の社員に割り振っていったといいます。

社長でなくては対応できないと思っていたのは、社長だけだったそうです。

それから、社員との面談と会議のスケジュールを、月曜日と金曜日の午前中にまとめました。集中して経営のことを考える時間をつくるためです。

忙しそうにしている社長も、**使っている時間を整理すると、経営者としての時間に使うことはできる**のです。

ある会社の社長は、成長考課制度の運用を始めたことで、時間の使い方がガラリと変わったといいます。

経営者としての時間ができたのは、幹部候補生へ権限移譲できたからです。**それまで忙しさから解放されなかったのは、安心して任せられる幹部がなかなか育たなかったからでした。**

育たなかったというより、育つ環境ではなかったというのが適切かもしれません。

幹部としての役割が明確でなかったため、社長の指示には忠実に応えられていたのですが、主体的に動くことができていなかったのです。

そのため、困ったことがあったら、すぐに社長が出て行って解決するということをくり返していました。これでは、社員の成長を邪魔することになります。できる社長にありがちな話ですが、**幹部を育てたいなら、社長が我慢して任せることも大切です。**

会社の規模を大きくしていきたいなら、意図的に組織として動く体制をつくらないといけないのです。

幹部候補生が育ち、業務の指導や社員の面談を任せられるようになったことで、社長は社員の成長のためにより時間を使えるようになったといいます。

会社の理念をリーダーに落とし込む時間に使ったり、専門的な知識が不足している全社員に対して社内講習を実施したりしているといいます。その講習には、毎回30名が参加しているそうです。ようやく「経営者は教育者である」を実践できるようになったと話していました。

また、こうした面談や会議、講習の準備をすることで、整理する力や優先順位を付ける力もついたといいます。

時間的余裕が社内の課題を解決する

見える景色が変わっていく

税理士や社労士をうまく使うことで、**社長に会社の未来のことを考える余裕が生まれると、社内に滞っていた課題が解決の方向へ動きだす**こともあります。

たとえば、ある不動産会社の社長は、過去に失敗したことがあったため、今の会社を起ち上げてからは大きいことを語らないようにしてきました。ですから、こんな会社にしたいというビジョンはありましたが、具体的な数字はありませんでした。「来年はこれくらい売上がつくれるといいな」というレベルです。

私のところへ相談に来られたのは、社員数が10名を超えたくらいの頃でした。入社したいという人を受け入れていたら、いつの間にか人が増えていたそうです。

さすがに10名を超えてくると、**このままの会社のあり方を続けていてはみんなが幸せになれないと危機感が生まれた**といいます。なぜかというと、売上をつくれる数人の稼ぎで会社が回っていたからです。みんなが少しずつでも成長していける仕組みをつくらないと、いつまでもこの会社の雰囲気を維持できないということでした。

私がお手伝いしたことは、中長期経営計画の作成と成長考課制度づくりです。社長は「組織をつくるにはこういうことが大切なんですね」と驚かれていました。評価制度や賃金テーブルのつくり方などは本を読んで勉強したこともあったそうですが、会社が回っていたため、着手することはなかったそうです。

社長が未来を語ったことで、社員も主体的に自分の未来を考えるようになったといいます。関連会社の社長になりたいという社員まで現れたと、うれしそうに話されていました。そのためにも、これから3年間は、しっかり母体となる会社を強くしていきたいと考えているといいます。

ある会社では、会社の未来のために、社長の提案で幹部会議を始めました。実施の理由は、全社員が社長に紐づいていて、名ばかりの幹部だったからです。**ポジションは与えていても仕事を与えていなかった**のです。そこで、幹部であることを自覚してもらい、部門をマネジメントしてもらうために始めたといいます。

社長に時間的な余裕が生まれると、社員との向き合い方も変わります。起ち上げて数年で会社が伸び悩んでくるのは、目の前の忙しさからやるべきことをやらなくなるからです。一番のポイントは、社長に社員の行動管理ができなくなることです。

「売上をつくるためのプロセスは教えてあげたのだから、あとはやってね」で社員が自主的に動いてくれるなら、これほどらくなことはありません。しかし、社長の思いどおりにはいかないものです。

ある建築会社では、現場監督をなかなか育てられずに困っていました。**社長が社員と向き合う時間をつくれず、結果にだけ厳しい注文を出していた**からです。できる社長からすると、できないことを理解できなかったのです。

ところが、社員とじっくり話す機会をつくれるようになると、社員がどうしてできないのか、どこに苦労しているのかにまで耳を傾ける余裕が生まれたといいます。結果だけを見てイライラしていたのがウソのように、今では一方的に責めることもなくなったそうです。

それどころか、現場監督として達成感を得られる瞬間であるセレモニーに自分だけが参加していたことを反省し、社員も同席させるようになったといいます。

小さな会社の社長の最大の課題は、自分がやらないとダメだと思っているところです。成長考課制度のような進捗を確認する仕組みがないと、どうしても「任せられない」と、すぐに現場に出ていくことになります。自分のほうができるだけに不安になるのはわかります。しかし、任せたら進捗を見守る。人を育てるには我慢できることも、重要な資質なのです。

私が、たくさんの社長を見てきて思うのは、本当に働くのが好きな人が多いということです。ただし、社長がやらなくてもいい仕事をして忙しくしているのも事実です。**社長がやらなくてもいい仕事は、社員に任せる、もしくは税理士や社労士をうまく活用する**ことです。

小さな会社の場合は、人間的に魅力のある社長が多いため、ある程度の社員数までなら、社内に多少の問題があっても抑え込めます。しかし、社員数が20人、30人となってくると、それが会社の成長を止める原因になることがあります。

レバレッジ経営に転換するためにもっとも必要なのは、実は、社長が社長本来の仕事に専念する覚悟なのです。

おわりに

売上が安定しない、伸び悩んでいる、人手不足が続いている、人が育たないなど、中小企業にはお金や人に関するさまざまな悩みがあります。

みなさんも、その悩みを解決するために、人事評価システムを導入したり、経営コンサルタントに相談したり、社員を研修に参加させたりなど、あらゆる策を講じられてきたのではないでしょうか。

あるいは、課題はわかっていても、目の前の仕事に追われる日々が続いて、何の手も打てないままでいるのではないでしょうか。

そんなみなさんのためにまとめたのが、この本です。

この本のゴールは、①会社を自立させて、②みなさんが「社長の仕事」をできるようにすることです。そして、具体的には、仕組み化のステップゼロともいえる、「人を育てるための制度」を構築することです。

もちろん、読み終えただけで抱えていらっしゃる課題が解決することはありません。この本で解説した内容を実践していただくことで、はじめて成長する企業の土台づくりが始まります。

そして大切なことは、みなさんがひとりで頑張ろうとしないことです。本編の中でも述べたように、小さな会社の土台づくりがうまくいかない原因のひとつは、社長がひとりで会社を支えようとするからです。みなさんが、売上をつくることから事務業務の細々としたことまでできるのはわかります。実際、社員がやるより早くできるでしょうし、成果も大きいでしょう。

でも、それでは、みなさんが抱える悩みは何ひとつ解決しないのです。

今いる社員を巻き込んでください、もっと期待してあげください。そして、税理士や社労士といった士業をうまく活用してください。私は、中小企業の社長さんたちの「うちの未来を一緒に考えてくれている人」であり続けたいと考えています。

最後に、本書の制作においてご協力いただいた皆様に、この場を借りて厚く御礼申し上げます。

一般社団法人成長企業研究会顧問・白井一幸さま、成長企業研究会の会員の皆様、ＨＯＰグループの皆様。

本書の取材に協力いただいた株式会社ケッズトレーナー代表取締役・大竹健一さま、セイズ株式会社代表取締役・及川達也さま、有限会社ルイ代表取締役・吉川信貴さま、株式会社ハルク代表取締役・佐々木教之さま、株式会社Ｎｏｄｏｍａｒｕ代表取締役・向仲駿さま、そして執筆を支えてくれた株式会社アスコムの皆様、誠にありがとうございました。

一般社団法人成長企業研究会代表理事／ＨＯＰグループ代表　小川実

小川 実　おがわ・みのる

一般社団法人成長企業研究会　代表理事。
一般社団法人相続診断協会　代表理事。
HOP グループ代表。
1963 年生まれ、岐阜県岐阜市出身。河合会計事務所、野村バブコックアンドブラウン株式会社勤務を経て、2002 年に税理士法人 HOP を設立。
現在は社会保険労務士法人 HOP、行政書士法人 HOP、株式会社ワンストップ HOP、株式会社 HOP コンサルティングを加えて HOP グループを形成。3 資格の総合的な経営コンサルティングで、中小企業のかかりつけ医として経営者のサポートを行う。
2020 年には一般社団法人 成長企業研究会を設立。小さな会社の成長こそが日本を元気にするという理念のもと、経営の仕組み化を支援している。
キックボクシングのプロライセンスを持ち、現在も RISE などの団体でレフェリーを務める。

HOP グループ公式ホームページ
http://group-hop.com/

一般社団法人成長企業研究会
https://seichokigyo.jp/

一般社団法人相続診断協会
https://souzokushindan.com/

小さな会社の「仕組み化」はなぜやりきれないのか

発行日　2023年11月2日　第1刷
発行日　2024年3月18日　第4刷

著者　小川実

本書プロジェクトチーム
企画・監修　大神千穂
編集統括　柿内尚文
編集担当　中山景
編集協力　洗川俊一
デザイン　山之口正和＋齋藤友貴（OKIKATA）
DTP　マーリンクレイン
校正　荒井よし子
協力　上田渉（株式会社オトバンク）、
大竹健一（株式会社ケッズトレーナー）、
及川達也（セイズ株式会社）、佐々木教之（株式会社ハルク）、
向仲駿（株式会社 Nodomaru）、吉川信貴（有限会社ルイ）

営業統括　丸山敏生
営業推進　増尾友裕、綱脇愛、桐山敦子、相澤いづみ、寺内未来子
販売促進　池田孝一郎、石井耕平、熊切絵理、菊山清佳、山口瑞穂、
吉村寿美子、矢橋寛子、遠藤真知子、森田真紀、氏家和佳子
プロモーション　山田美恵
講演・マネジメント事業　斎藤和佳、志水公美

編集　小林英史、栗田亘、村上芳子、大住兼正、菊地貴広、山田吉之、
大西志帆、福田麻衣
メディア開発　池田剛、中村悟志、長野太介、入江翔子
管理部　早坂裕子、生越こずえ、本間美咲
発行人　坂下毅

発行所　株式会社アスコム

〒105-0003
東京都港区西新橋2-23-1　3東洋海事ビル
編集局　TEL：03-5425-6627
営業局　TEL：03-5425-6626　FAX：03-5425-6770

印刷・製本　中央精版印刷株式会社

Printed in Japan ISBN 978-4-7762-1315-4